Collezione Biblioteca contemporanea

Via Flaminia, 109 - 00196 Roma
ISBN 978-88-7692-628-0

Selene Calloni Williams
Noburu Okuda Dō

Shinrin-Yoku
l'immersione nei boschi

Il rituale giapponese
per liberarsi dall'ansia e dallo stress

Edizioni Studio Tesi

Prima parte

RIGENERARSI NEL VERDE

Origini e benefici

Il termine Shinrin-Yoku è stato coniato in Giappone nel 1982 da M. Tomohide Akiyama, allora direttore dell'ente forestale giapponese: fa riferimento all'immergersi nella natura con i cinque sensi.

Lo Shinrin-Yoku oggi è, a ragione, annoverato tra le terapie preventive. Infatti, l'immersione nella natura ha effetti terapeutici comprovati in modi empirici e scientifici.

Certamente il concetto di natura maestra e terapeuta è posseduto dall'uomo fin dalle origini, ma, a partire dalla rivoluzione industriale, in tempi recenti, l'individuo urbanizzato e industrializzato ha, in poche manciate di anni, profondamente modificato il proprio stile di vita, allontanandosi pericolosamente dalla natura. È molto utile, dunque, che i benefici della natura vengano ribaditi da una filosofia, lo Shinrin-Yoku, che porta con sé un metodo pratico di azione e comportamento. La visione e la pratica dello Shinrin-Yoku, infatti, si stanno rapidamente diffondendo nel mondo e si prevede che arriveranno a livelli di grande popolarità nei prossimi anni. Esso rappresenta un bisogno urgente e pressante della popolazione che ha attraversato l'epoca industriale e che adesso si trova in piena era tecnologica.

La tecnologia ha contribuito ad allontanare l'uomo dalla natura. Oggi gli individui trascorrono gran parte del loro tempo davanti a uno schermo accumulando "tecno-stress" che è, a tutti gli effetti, una patologia.

Lo stress fornisce terreno fertile alla formazione di malattie anche gravi, come i tumori, il diabete, le malattie cardiocircolatorie.

Un "bagno di foresta" (questa sarebbe l'espressione più vicina al concetto di Shinrin-Yoku) ci consente di lavar via lo stress accumulato.

È provato che l'immersione nei boschi e, più genericamente, il contatto con la natura, è in grado di abbassare le concentrazioni dell'ormone dello stress nel corpo, di rinforzare il sistema immunitario, di regolare la pressione arteriosa e il battito cardiaco, di far scendere il colesterolo.

Uno studio del 2013 dell'Università di Exeter, nel Regno Unito, ha portato addirittura a concludere che chi abita in aree verdeggianti è più felice. Il contatto con la natura favorisce anche la resilienza che è necessaria durante le fasi di convalescenza e recupero. Non solo, la natura favorisce inoltre la cura di malattie psicologiche come la depressione. Ci sono studi che indicano i suoi benefici persino su schizofrenia e altre gravi turbe del comportamento. Stare in contatto con la natura aiuta anche ad avere una memoria migliore e dà più resistenza contro l'invecchiamento fisico e mentale.

Poiché l'immersione nei boschi agisce in modi ormai provati sul sistema immunitario potenziandolo, essa è da prendersi a tutti gli effetti come una terapia preventiva a largo spettro.

Ma perché lo Shinrin-Yoku nasce proprio in Giappone?

Circa duecento anni orsono è sorta l'estetica giapponese, la quale, più che una filosofia, è una vera e propria guida di vita. Essa ha avuto origine principalmente dalla visione del Buddhismo Zen. Lo Shinrin-Yoku è fortemente connesso all'estetica giapponese. Inoltre dobbiamo tenere presente che la visione del mondo giapponese avviene attraverso l'osservazione della natura; il Giappone è ricco di foreste, sebbene vi sia un'intensa concentrazione della popolazione nelle città: si tratta di uno dei paesi con l'area forestale più estesa.

L'estetica giapponese e il Buddhismo Zen

Sebbene raccolga in sé principi antichi, l'estetica giapponese, come disciplina filosofica, nasce solo duecento anni fa. Essa è influenzata dalla visione buddhista della natura.

Per il Buddhismo la natura è impermanente ed evanescente, non è sostanziale né oggettiva.

Il Buddhismo, infatti, concepisce il divenire come illusorietà. Il mondo quale noi lo vediamo altro non è che miraggio, illusione (*maya*) o inganno della coscienza (*chitta maya*).

Persino nascere e morire sono illusioni. Il Buddhismo propone all'uomo un cammino fondato sulla meditazione, la contemplazione e l'ascesi, capace di condurre al Nirvana, la fine delle illusioni e la piena libertà da esse (la parola "nirvana" significa letteralmente "estinzione" e fa riferimento allo svanire di tutte le apparizioni illusorie, giacché l'uomo liberato non ha più bisogno di proiettare se stesso nel divenire e può esistere nella libertà del Nirvana).

L'osservazione empirica della natura porta spontaneamente a queste conclusioni. La caratteristica di impermanenza, infatti, è evidente in essa. Tutte le immagini in natura sono incessantemente cangianti e non possono essere afferrate. Il filosofo greco Eraclito per definire questa condizione ha fatto ricorso alla seguente metafora:

Non si può discendere due volte nel medesimo fiume e non si può toccare due volte una sostanza mortale nel medesimo stato, ma a causa dell'impetuosità e della velocità del mutamento essa si disperde e si raccoglie, viene e va[1].

Dunque tutto è immagine e tutte le immagini svaniscono prima che le si possa afferrare. Poiché in natura nulla viene sprecato, ma tutto ciò che svanisce diviene qualche altra cosa, concludiamo che tutto in natura si dà a qualche altra cosa. La natura è la manifestazione della capacità di darsi. Difficile pensare a una ragione per la quale le immagini debbano darsi ad altre immagini continuamente che non sia l'amore. La natura è, dunque, la manifestazione dell'amore.

La bellezza in natura è la forma sotto cui l'amore si rende visibile. Ecco che la contemplazione di essa svela i segreti della bellezza e dell'amore.

Nel Buddhismo non esiste il concetto di tempo lineare: il tempo è circolare. E tale è in natura, dove le stagioni si susseguono ciclicamente senza mai un inizio e una fine precisa. Il mito della creazione non riguarda il Buddhismo. Nel Buddhismo tu, io, ogni aspetto della natura è eternamente non nato, mai creato, mai reale, mai irreale. Semplicemente appare, svanisce e riappare, mai uguale a se stesso, eppure dotato di un ricordo di sé, una memoria che è consapevolezza.

Il divenire, la ruota del *samsara*, il ciclo delle nascite, vite, morti e rinascite, è una grande immagine che si manifesta per consentire alla consapevolezza di incontrare l'amore e il sacro, che è l'esperienza del darsi.

Darsi è la chiave del Nirvana, della liberazione finale.

[1] Eraclito, *Frammenti*, Diels-Kranz, 22 B 919.

Si oppongono al darsi gli attaccamenti e le paure umane. L'estetica giapponese è un'esperienza di scioglimento degli attaccamenti e di superamento delle paure, essa nasce dall'osservazione della natura che di tale esperienza è maestra. Lo Shinrin-Yoku è connesso all'estetica giapponese come già affermato, al Buddhismo e allo Zen. Esso è una via verso la felicità che prende la natura come maestra. L'uomo connesso alla natura non è solo più sano, ma è più spirituale, meno manipolabile e condizionabile.

Il pensiero immaginale e il pensiero del cuore

In Occidente, partendo da pensatori come Henry Corbin, James Hillman[2], C.G. Jung, ha preso avvio la filosofia e la psicologia immaginale che oggi rappresenta un ponte tra Oriente e Occidente, suggerendo nei giusti modi a chi ha una tradizione occidentale la visione dell'impermanenza e dell'illusorietà del divenire.

Per Henry Corbin viviamo in un *mundus imaginalis* o *mundus archetypus*, dove ogni apparizione è simbolo del nostro cammino verso il risveglio e la libertà. Questa visione è, al di là di Oriente e Occidente, profondamente presente nel nostro DNA, rispecchia il sentire dei popoli animisti e il nostro passato ancestrale. Il senso del materialismo e dell'oggettività delle cose si è formato in tempi recenti nell'uomo, con lo svilupparsi della civiltà attuale, la quale, come disse il poeta Ungaretti, "è un atto di prepotenza umana sulla natura, un atto contro natura"[3].

La credenza nell'oggettività è espressione di una volontà di controllo e di potere da parte dell'uomo sulla natura. Ciò che è oggettivo e sostanziale è anche misurabile,

[2] Vedi Selene Calloni Williams, *James Hillman. Il cammino del "fare anima" e dell'ecologia profonda*, Edizioni Mediterranee, Roma, 2013.

[3] Pier Paolo Pasolini, *Comizi d'amore* (film documentario), 1965 (https://youtu.be/ypFcFh98vME).

prevedibile, governabile. Ciò che incessantemente appare e svanisce non è afferrabile, richiede la capacità di percepire l'invisibile, di attraversare la Grande Soglia consapevolmente e di fare ritorno.

L'oggettivismo è divenuto imperante nella nostra cultura dopo la rivoluzione scientifica.

La parola scienza deriva dal latino *scientia* che significa "conoscenza". Prima della rivoluzione scientifica, scienza e filosofia erano sempre state unite in un medesimo percorso di sapere. Nell'antica Grecia il termine corrispondente all'uso attuale della parola scienza era *episteme*, che indicava un sapere al di là del dubbio, e a tale sapere era conferito un valore sacro che consentiva di arrivare alla saggezza. Con l'illuminismo e il positivismo, la scienza ha perduto il carattere sacro, passando a indicare tutte quelle discipline che portano all'enunciazione di concetti o principi che sono verificabili a mezzo di procedimenti o esperimenti empirici. Ma la scienza non può prescindere dal sentimento del sacro e comporta una conoscenza più ampia rispetto alla mera conoscenza tecnica e una visione più grande di quella a cui si può arrivare con la mente critica comune: una visone sovramentale, un pensiero del cuore.

In tempi più recenti, la rivoluzione industriale ha reso necessario l'oggettivismo e il materialismo. La sola ricerca che riceve finanziamenti è la ricerca che si basa sui dati oggettivi perché porta alla capacità di sfornare teorie e prodotti che sono ripetibili su scala industriale e quindi sono funzionali al mercato, sono commercializzabili.

Chi, seguendo l'esempio dei mistici, ha un atteggiamento spirituale e vuole camminare, per dirla con Milarepa, "sul fermo suolo della non-oggettività delle cose"[4],

[4] Rechung-Dorje-Tagpa, *Vita di Milarepa*, Adelphi, Milano, 1998.

è relegato ai margini del sistema, non è utile allo sviluppo dell'economia.

Il fatto è che l'economia che si fonda sulla conoscenza tecnica e sul dato oggettivo è arrivata a un punto di crisi che lascia intravvedere scenari disastrosi. Dobbiamo cambiare visione per essere capaci di produrre nuovi paradigmi di economia basati sulla collaborazione con la natura, anziché sul suo sfruttamento. Dobbiamo ricominciare dal bosco, dalla contemplazione del bosco per essere ispirati.

Lo Shinrin-Yoku non solo ha basi scientifiche, ma favorisce la diffusione di un concetto di scienza intesa come *episteme*, ovvero conoscenza certa, incontrovertibile, diversa dalla semplice opinione del singolo, comprovabile, ma acquisibile attraverso l'intuizione (*noesis*) piuttosto che il ragionamento (*diànoia*). In altre parole lo Shinrin-Yoku concilia scienza e spiritualità in un'unica esperienza di elevazione a mezzo della natura.

L'esperienza del bagno nella natura non è riproducibile su scala industriale: è affidata alla intuizione e alla soggettività, eppure i suoi benefici sono dimostrabili.

La mia foresta

La mia formazione ha più a che vedere con le foreste che con le aule delle università. Sia dopo il liceo, sia dopo la laurea, ho avuto bisogno di trascorrere numerosi anni tra i boschi.

Terminato il liceo classico, a soli diciannove anni, mi sono trasferita nell'isola di Sri Lanka, dove ho intensamente praticato lo yoga, lo sciamanismo e la meditazione buddhista. Sono stata iniziata al lignaggio dello yoga sciamanico dal mio maestro, Michael Williams e, per circa sei anni, ho frequentato un tempio della foresta sotto la guida del Venerabile Gata Thera accanto al Reverendo Gotatuwe Sumanaloka Thero, mio compagno di meditazione e oggi insegnante di Mindfulness Immaginale al mio fianco presso l'accademia Imaginal Academy.

Nell'eremitaggio della foresta dormivo in una grotta. Ci svegliavamo alle quattro del mattino, la foresta era ancora buia. Sedevamo dinnanzi all'albero della Bodhi (il *ficus benjamin*, l'albero sotto cui si è illuminato il Buddha) e praticavamo la meditazione seduta, poi ricevevamo gli insegnamenti dal maestro, quindi con una ramazza di saggina pulivamo il percorso del *cankamana*, la meditazione camminata. Quest'ultimo non era più lungo di cinque metri, era in terra battuta e andava ripulito dalle foglie. Io tenevo pulito anche quello del maestro.

Quindi facevamo a colazione e poi andavamo al fiume a lavarci. Non raramente incontravamo gli elefanti che erano scesi a bere e dovevamo aspettare che se ne andassero prima di avvicinarci all'acqua.

Dopo il bagno era il momento dello studio. Leggevamo il *Dhammapada*, un testo parte del Canone Pali che, secondo la tradizione, contiene le parole pronunciate dal Buddha. A me era stato concesso di leggerlo in versione inglese.

Quindi io e Sumanaloka ci raccoglievamo ai piedi del maestro per ascoltare i suoi insegnamenti sui brani che avevamo letto.

Poi c'erano lavori da fare come pulire la dispensa, la cucina, andare a prendere acqua al pozzo o tagliare la legna.

Avevamo sempre molte provviste, troppe. I fedeli che vivevano nei villaggi ai margini della giungla, specialmente nei giorni di luna piena – che in Sri Lanka sono feste ufficiali – attraversavano la foresta tropicale per arrivare da noi e ricevere da Gata Thera gli insegnamenti sulla meditazione e le benedizioni. In quelle occasioni ci portavano in dono ogni genere di provviste. I buddhisti praticanti hanno molto a cuore la donazione agli eremiti. Il problema di noi tre asceti che vivevamo nella giungla non era di cosa nutrirci, ma semmai come ridistribuire il cibo in eccesso. Non di rado durante i pomeriggi ci capitava la visita di qualche ragazzino dei villaggi vicini a cui regalavamo molte provviste.

Prima del pranzo ci impegnavamo in un'altra sessione di meditazione. Pranzavamo tra le ore undici e le dodici del mattino. Dopo mezzogiorno non ci era più consentito mangiare. Questa regola è rispettata da tutti i monaci eremiti buddhisti ed è considerata una delle più importanti insieme a poche altre: non possedere beni materiali, praticare la meditazione, l'ascesi e la castità, vivere unicamente delle offerte dei fedeli.

Dopo pranzo praticavamo la meditazione camminata (*cankamana*, in pali) quindi ricevevamo eventuali visite: ragazzini a cui donavamo cibo, fedeli che chiedevano medicine o rituali. Gata Thera e Sumanaloka erano profondi conoscitori dell'arte dell'ayurveda e producevano portentosi rimedi per ogni genere di malattie servendosi delle erbe, delle cortecce, delle radici, delle bacche e dei fiori del bosco. Quando i problemi dei fedeli non riguardavano la salute, ma, per esempio, la casa, il lavoro, i soldi, il maestro allestiva un rituale notturno nei pressi dell'albero della Bodhi, che costituiva il punto centrale del nostro tempio nella giungla.

Durante il rituale o *puja*, Gata Thera offriva agli spiriti della foresta chicchi, semi, acqua, incenso e medicine ayurvediche che lui stesso aveva preparato. Poco prima che il sole tramontasse, gettava nella foresta queste sostanze in direzione degli ultimi raggi rosso fuoco del sole. Poi, al primo avanzare della notte, intonava il canto di un lunghissimo mantra in lingua pali con il quale chiedeva agli spiriti, cui aveva donato le offerte, di aiutare la tal persona della quale scandiva bene nome, cognome e data di nascita.

Prima di andare a letto rileggevamo il *Dhammapada* e praticavamo la meditazione serale.

Quando ho lasciato lo Sri Lanka e sono tornata in Italia mi sono laureata in psicologia e poi ho fondato Voyages Illumination, una associazione che organizza viaggi nei luoghi più mistici del pianeta. Da allora non ho mai smesso di viaggiare, portando con me gruppi di persone nelle steppe, sugli altipiani, nei deserti e nelle foreste per incontrare monaci, sciamani, mistici ed eremiti che vivono una vita molto diversa da quella comune, in piena armonia con la natura.

Io credo che la nostra civiltà abbia qualcosa d'importante da imparare da queste persone.

Da oltre vent'anni, il mio campo base, come lo chiamo io, la casa dove vivo quando non sono in viaggio, si trova nella Svizzera di lingua italiana al limitare di un bosco e spesso cervi, volpi e cinghiali vengono fin sulla soglia di casa.

Io non posso pensare alla mia vita senza il bosco. Quando devo andare in città per un convegno o per la presentazione di un libro, porto sempre il bosco con me in un piccolo ramo che io definisco la mia "bacchetta magica". Se ho bisogno di connettermi con lo spirito del bosco, tengo il ramo tra le mani, se no è sempre nella mia borsa.

In tutti questi anni ho imparato molto sulla connessione con il bosco. Ho appreso come il bosco può guarire l'uomo e come può contribuire a realizzare i suoi obiettivi. Oggi insegno alle persone, anche a quelle che vivono in città, a stare in contatto con la natura. È possibile portare la natura in città e contattare gli spiriti della natura anche stando nella propria casa.

Nel corso di questo libro spiegherò anche le tecniche di immersione nella natura dalla città.

La natura come terapeuta presso le popolazioni delle foreste e delle steppe

L'uomo è biologicamente programmato per vivere nella natura. Nel 1984 il biologo americano E.O. Wilson ha coniato il concetto di "biofilia" che, tradotto letteralmente, significa "amore per la vita". Questo concetto ci indica che il contatto con la natura è una esigenza irrinunciabile dell'uomo.

Biologicamente parlando, il nostro organismo è assolutamente identico a com'era quando vivevamo a contatto stretto con la natura. Ci siamo allontanati dalla natura per vivere nelle città solo in tempi assai recenti; da lì il nostro stile di vita si è radicalmente trasformato e molte patologie prima sconosciute hanno fatto la loro comparsa.

Lo Shinrin-Yoku, l'immersione nel bosco, ha dimo strato di essere particolarmente utile per curare proprio quelle patologie che hanno a che vedere con lo stress prodotto dalla vita nelle città.

In verità, dai tempi antichi l'uomo vede nella natura non solo una fonte di terapia, ma anche una maestra.

Presso le tribù di lingua tibeto-birmana che vivono nella foresta, nel cosiddetto "triangolo d'oro" – la zona montuosa compresa tra i confini del Myanmar, il Laos e la Thailandia – l'alfabetizzazione non è ancora arrivata, come nella tribù degli Eng e dei Palaung, e la religione professata dai membri del clan è ancora l'animismo ancestrale, la sola maestra è la natura.

La natura insegna agli uomini a parlare con gli spiriti, a rimanere in contatto con i propri avi, ispira un senso del tempo circolare, una visione complessa del reale, tale per cui il tutto è nella parte e la parte è nel tutto, una visione ricorsiva, secondo la quale gli effetti sono contenuti nelle cause. Questo ampia la prospettiva della mente, anziché restringerla alla parte, come accade nel pensiero analitico, o focalizzarla esclusivamente sul tutto, come avviene nell'olismo.

Non avendo un senso del tempo lineare, gli Eng e i Palaung non hanno il senso del prima e del dopo e quindi della causa e dell'effetto, perciò non hanno sviluppato un pensiero logico e tecnologico, ma hanno potenziato il pensiero del cuore, che li unisce all'anima del mondo dove vi è il segreto profondo della vita e della morte.

Gli sciamani sudamericani accedono ai grandi insegnamenti della natura attraverso l'assunzione di erbe come l'ayahuasca e il peyote. Queste erbe, consumate all'interno della foresta, danno la comunione con gli spiriti della natura e con gli antenati. Da tempi immemorabili gli sciamani traggono sapere dalla natura attraverso l'estasi sciamanica.

Per i popoli animisti la cattedrale è la foresta. Per gli sciamani siberiani, protagonisti dei miei libri *Il profumo della luna*[5] e *Discorso alla luna*[6], le sorgenti d'acqua sono santuari. Sporcare i corsi d'acqua o contaminare la natura in qualsiasi modo è il più grande sacrilegio. Gli sciamani praticano da tempi immemorabili una vera ecologia *ante litteram*.

[5] Selene Calloni Williams, *Il profumo della luna*, Edizioni Studio Tesi, Roma, 2015.

[6] Selene Calloni Williams, *Discorso alla luna*, Edizioni Studio Tesi, Roma, 2016.

Avendo vissuto per diversi anni nell'eremitaggio della foresta del venerabile Gata Thera, ho appreso dalle sue conoscenze di medicina ayurvedica che la foresta è in grado di dare all'uomo rimedi per alleviare qualsiasi tipo di sofferenza: bisogna che l'uomo apprenda a riavvicinarsi fortemente alla natura come potente alleata.

Meditare in un bosco non è come meditare tra le mura di un edificio, c'è una differenza sostanziale. Sedere sulla nuda terra e non essere circondati da altro che dal suono del vento o dal canto degli uccelli dona alla meditazione una straordinaria potenza.

Il Buddha ha raggiunto l'illuminazione nella foresta. Da allora tutti i grandi maestri di meditazione hanno praticato e insegnato nella natura.

Il contatto con la natura non favorisce solo salute fisica e mentale, ma anche libertà, illuminazione e risveglio.

Come si pratica lo Shinrin-Yoku

Lo Shinrin-Yoku è un'avventura di profonda comunione con la natura attuata con tutti i sensi.

Si pratica in molti modi, ma quello più tradizionale è la passeggiata e la meditazione nel bosco o nella foresta.

Il primo momento di questa esperienza è l'entrata nel bosco.

C'è sempre un momento quando ti addentri in un bosco in cui senti un cambio dell'energia, come se la vibrazione frenetica del mondo non potesse più avanzare, d'improvviso ti accorgi di essere avvolto da un alito caldo e umido di pace e profondità. In quel momento "entri il bosco": entri nel bosco e il bosco entra in te. È proprio in quell'istante preciso che dovresti dare il via con consapevolezza e attenzione al rituale dello Shinrin-Yoku con un piccolo e semplice gesto, quasi impercettibile: abbassa la testa in segno di inchino.

Il bosco è psiche.

Inchinarsi al bosco quando si entra in esso e lo si percepisce entrare in noi, è un gesto che apre la porta del bosco interiore.

Il bosco interiore è invisibile agli occhi comuni.

Da molto tempo ormai, quasi tutti gli anni faccio visita a Svetlana, la sciamana altaica protagonista dei miei libri ambientati in Siberia, e poi affronto un pellegrinaggio nella steppa a cavallo che dura dai sette ai dieci giorni in cui, insieme al gruppo di persone di cui sono guida, attraversiamo l'altipiano di Ukok, un luogo di estrema sacralità e misticismo al confine tra Siberia, Kazakistan, Cina e Mongolia. Qui, da migliaia di anni, non vi è presenza di esseri umani, solo aquile, marmotte e kurgan, le tombe degli antichi Sciti, una misteriosa popolazione nomade dell'antichità di religione sciamanica.

Prima che io mi cimenti in quest'avventura insieme al mio gruppo, Svetlana fa per noi un rito per aprirci la strada. Innanzitutto brucia rametti di ginepro e con il fumo ci purifica.

Svetlana ha colto quei rametti nella foresta dopo aver chiesto il permesso allo spirito del ginepro. Un giorno, mentre eravamo seduti intorno al fuoco, Svetlana ci ha detto che il grande male del nostro mondo è l'aver perso il senso del sacro. A causa di ciò si spacca l'atomo senza chiedere il permesso, si buca la terra e si penetra nelle vene della Madre per estrarne liquido nero, senza chiedere il permesso, nelle sale operatorie si va armati contro gli organi – che per gli sciamani sono gli antenati – senza chiedere il permesso.

Eseguire un inchino al bosco quando lo si penetra è chiedere il permesso di entrare in comunione con l'invisibile: le energie e le idee. Queste ultime, infatti, non sono un secreto del cervello umano, esse sono dei, dee, antenati e abitano boschi e foreste.

Dopo che sei penetrato nella magia del bosco hai due possibilità: camminare o fermarti; fai in modo che entrambi siano momenti di meditazione applicando l'attenzione consapevole a ciò che accade.

Camminare con totale presenza mentale e piena attenzione cosciente è praticare la meditazione camminata.

Meditazione camminata

Mentre cammini porta l'attenzione al tuo respiro spontaneo e divieni consapevole del fatto che stai respirando. Di' a te stesso: "So che sto inspirando", quando inspiri e "So che sto espirando", quando espiri. Simultaneamente rimani consapevole della presenza del bosco, del suo respiro, del suo alito che ti avvolge e ti compenetra.

Dopo qualche minuto di camminata e di respiro consapevole chiediti: "Chi sta respirando?".

Visualizza i tuoi polmoni espandersi durante l'inspirazione e contrarsi durante l'espirazione. Realizza che affinché i polmoni si espandano, bisogna che intorno vi sia un bosco e un universo che si contrae e, affinché i tuoi polmoni si contraggano, è necessario che vi sia un bosco e un universo che si espande. Nella respirazione emetti anidride carbonica che gli alberi assorbono restituendo ossigeno che tu assorbi. In questo processo dove è "dentro" e dove è "fuori" di te?

Quindi concentrati sull'emozione più forte che stai provando in questo periodo della tua vita e chiediti: "Chi sta provando cosa?".

Perciò in sincronia con il movimento dei tuoi passi, ripeti mentalmente questo mantra: "A te, a te, a te!". Dai al bosco la tua emozione e chiedigli di aiutarti a guarirla: se si tratta di un'emozione di sofferenza, di risolverla, se si tratta di un'emozione di gioia di espanderla a tutte le creature senzienti.

Il mantra "A te, a te, a te!" è stato molto consigliato da Mère, la compagna spirituale del guru indiano Sri Aurobindo. Esso è il mantra del *surrender*. Questa parola inglese era usata da Mère e Aurobindo per definire il mettersi nelle mani della Madre dei Mondi, l'affidarsi all'universo.

La stessa cosa puoi fare con un disturbo fisico, un problema esistenziale, un pensiero ossessivo.

Questa meditazione è straordinariamente potente. Essa modifica la tua prospettiva. Il mondo è negli occhi di chi lo guarda, cambiare sguardo significa cambiare mondo: non cambiare il mondo, ma cambiare mondo. Fare periodicamente questa meditazione nel bosco o nella foresta ci conduce in un viaggio di trasformazione molto intenso e appagante.

Meditazione in piedi

Fermati nei pressi di un albero che attrae in modo particolare la tua attenzione. Con un piccolo gesto della testa fai un inchino. Chiedi allo spirito dell'albero il permesso di entrare in connessione con la pianta. Appoggia le mani o la schiena al tronco. Percepisci la linfa che scorre nell'albero. All'inizio dovrai immaginare lo scorrere della linfa, poi la potrai sentire. Rimani per qualche minuto ad ascoltare lo scorrere della linfa senza pensare a nulla. Quindi dai amore all'albero attraverso ogni poro della tua pelle. Rimani in questo stato di amore per qualche minuto. Infine chiedi allo spirito dell'albero di aiutarti nella realizzazione di un obiettivo cui tieni molto. Devi sentire che il tuo obicttivo non risuona con gli attaccamenti del tuo ego, ma piuttosto con la volontà della tua anima di evolvere sul cammino spirituale e di generare azioni meritevoli, capaci di produrre effetti che vanno a giovamento di tutte le creature senzienti. Questo è il solo genere di obiettivi che gli spiriti del bosco concorrono a realizzare. Se nutri simili obiettivi sicuramente riceverai un aiuto straordinario dal bosco.

L'ultima parte della meditazione è la più difficile e riguarda tutto il tempo successivo alla meditazione stessa, quello in cui vivrai la tua quotidianità. In tutto questo tempo dovrai cercare di permanere nella connessione con l'albero, ricordando a volte il tuo rituale e dovrai rimanere nella fiducia che il bosco sta lavorando per te e che tutto andrà per il meglio. La perdita di fiducia invalida il rituale. Perdere fiducia è uscire dal cerchio magico dell'amore in virtù del quale tutto ciò che la tua anima desidera per compiere la sua opera viene sostenuto e realizzato per te.

Meditazione a piedi nudi

Sui sentieri noti, nei tratti dove sei certo che siano ben puliti e non vi sia la presenza di insetti o animali pericolosi, di spine o di sassi appuntiti, puoi camminare per brevi tratti a piedi nudi.

Sentire il contatto della nuda terra sotto le piante dei piedi è straordinario. La meditazione consiste nel porre piena attenzione alle sensazioni delle piante dei piedi a contatto con il suolo senza pensare ad altro per qualche minuto.

Si tratta di una meditazione dagli straordinari poteri rigeneranti.

Meditazione seduta

Sedersi a meditare nel bosco è sempre una pratica illuminante, rigenerante e trasformante. In giapponese la meditazione seduta è detta *Takigyo*.

Porta con te uno stuoino e stendilo in un luogo sicuro, pulito, lontano da tane d'insetti. Se mediti sotto un albero è preferibile tenere il capo coperto per evitare eventuali insetti che possono cadere dai rami. La presenza delle zecche nei boschi, per esempio, è una realtà che certamente non ci deve far rinunciare al nostro bagno di natura, ma che va sempre presa in considerazione.

Siediti a gambe incrociate o, se non ci riesci, siediti su di un masso, una pietra oppure appoggia la schiena a una pietra o a un tronco tenendo le gambe distese in avanti.

Senti il contatto del tuo corpo con il suolo. Rilassa profondamente ogni singola parte del tuo corpo. Senti la forza di gravità e lascia cadere verso il basso ogni singola parte del corpo. Immagina che la terra riceva tutte le tue tensioni, i tuoi pensieri ossessivi, le tue emozioni turbate e tu te ne liberi.

Rimani immobile. L'immobilità nella meditazione seduta è importante. Se il corpo si fa immobile anche la coscienza si acquieta più facilmente. Un importante traguardo raggiungibile attraverso la meditazione è, nel Buddhismo, il *samadhi*. La parola *samadhi* significa "unione con il tutto". Ci sono due livelli del *samadhi*. Il primo è l'*asana samadhi*, ovvero l'unione con il tutto ottenuta attraverso l'immobilità nell'*asana*, la "postura", e il *chitta samadi*, il *samadhi* della coscienza (*chitta*). La postura a mezzo della quale è possibile ottenere il *samadhi* è preferibilmente la posizione a gambe incrociate poiché in questa posizione le correnti energetiche (*vritti*) sono bloccate a livello delle anche. Il progressivo addormentarsi delle gambe nell'*asana* è, dunque, positivo: le correnti energetiche contenute nello spazio del corpo possono essere più facilmente acquietate dall'immobilità. Quando le correnti dell'energia fisica sono acquietate, anche le correnti dell'energia mentale si calmano. L'*asana samadhi*, il *samadhi* della postura, è una condizione irrinunciabile all'ottenimento del più vasto e profondo *chitta samadhi*, il *samadhi* della coscienza. Tutto ciò non significa che non si possa meditare anche tenendo le gambe distese, ma tradizionalmente l'*asana* a gambe incrociate è considerata un aiuto alla meditazione.

Qualunque sia la posizione che hai scelto per la tua meditazione nella foresta, cerca di mantenere l'immobilità del corpo senza fare sforzo per restare immobile, ma piuttosto abbandonando il tuo corpo in ogni sua parte. Tieni però la schiena ben diritta. La postura meditativa deve ispirare un senso di nobiltà e dignità. Se la colonna vertebrale è eretta, questa sensazione si produce spontaneamente. Tieni il mento vicino al torace, gli occhi e le labbra chiuse.

Nell'immobilità del corpo, ascolta il tuo respiro con consapevolezza, il tuo respiro spontaneo. Inizialmente ripeti mentalmente "So che sto inspirando" a ogni ispirazione spontanea e "So che sto espirando" a ogni espirazione spontanea. Poi semplicemente segui il tuo respiro con l'attenzione cosciente.

Se un disagio, un disturbo, un fastidio subentra nel corpo, sii consapevole della tua sensazione e ripeti mentalmente a te stesso "So che sto provando questo... so che sto provando questo...". Se un pensiero o un'emozione disturbante ti attraversa, ripeti a te stesso "So che sto pensando questo pensiero" oppure "So che sto provando questa emozione". Quando porti attenzione cosciente a pensieri, emozioni e sensazioni fisiche queste aumentano, si ingigantiscono, ma poi si dissolvono. Osserva come le tue sensazioni s'intensificano, senza opporre a esse alcuna resistenza, lasciati attraversare. Ugualmente fai con i tuoi pensieri e le tue emozioni. In assenza di disturbi o subito dopo che la sensazione, l'emozione o il pensiero disturbante si è dissolto, mantieni l'attenzione al respiro spontaneo con consapevolezza.

Reinventare il corpo nella foresta

Il tuo corpo è un'immagine. Ogni cellula è fatta di due ingredienti invisibili: consapevolezza ed energia. Il corpo possiede infinita capacità di rigenerazione. Devi uscire dai percorsi energetici distorti che conducono a vecchiaia, malattie e disturbi. Questa trasformazione deve coinvolgere l'anima perché corpo e anima sono due aspetti della medesima realtà. Solo arrivando al livello dell'anima puoi avere accesso al vero potenziale del corpo. Esistono miracoli che abbiamo dimenticato. La caduta dal paradiso non è altro che aver dimenticato di essere in paradiso!

Puoi potenziare i tuoi geni, il tempo non è tuo nemico, l'anima è il tuo vero involucro e non ha limiti. Sii illimitato come la tua anima, compi la resa all'universo e l'universo dischiuderà per te i suoi segreti!

Ecco una meditazione che può aiutarti molto.

La meditazione sugli elementi

La foresta e il tuo corpo sono ugualmente composti da un continuo aggregarsi e disgregarsi dei quattro elementi: Terra, Acqua, Fuoco, Aria. L'alternanza incessante di aggregazione e disgregazione fa sì che tutto sia impermanente: come luce di lampo appare e svanisce, non permane.

Noi vediamo la continuità dell'oggetto a causa di un inganno dei sensi e della coscienza (*chitta maya*). La *maya* è considerata una sorta di velo che si stende davanti ai nostri occhi e deforma la percezione della realtà.

I quattro elementi non sono realtà oggettive e materiali, bensì emozioni, sogni, desideri.

Così, infatti, sono descritti nella tradizione buddhista:

- L'Acqua è l'esperienza dell'umidità e della secchezza
- Il Fuoco è l'esperienza del calore e del raffreddamento
- L'Aria è l'esperienza del movimento e dell'immobilità
- La Terra è l'esperienza della pesantezza-leggerezza o sofficità e durezza

La meditazione sugli elementi – Acqua, Aria, Terra, Fuoco – è una pratica estremamente benefica e potente, poiché squarcia il velo illusorio del materialismo, conducendo il meditante in uno stato di puro benessere. Vengono attivati i processi di disidentificazione e di smaterializzazione del corpo: ciò porta alla dissoluzione del nostro ego e ci riconduce a una visione in cui noi siamo parte del tutto. Questi sono i passi fondanti verso la libertà dalle catene dell'io e del materialismo.

Assumi la posizione meditativa a te più gradita nel luogo della foresta che ti ispira maggiormente pace e tranquillità. Chiudi gli occhi e inizia la pratica contemplando il tuo respiro. Inspira ed espira in modo naturale. Senti una profonda calma in tutto il corpo. Entra nelle profondità del tuo tempio sacro che è il corpo formato dagli organi i quali, come disse C.G. Jung, sono gli dei o, come affermano gli sciamani, sono gli antenati. Contempla il tuo respiro con equanimità. Ora prendi consapevolezza del tuo corpo, dall'interno e dall'esterno. Osserva i fattori di produzione e i fattori di dissoluzione del corpo: osserva tutti gli elementi che concorrono alla vita e tutti gli elementi che concorrono alla morte. Vita e morte appartengono l'una all'altra, l'una è dentro l'altra. Vi sono cellule che muoiono e altre che nascono, che si rigenerano in un costante, ininterrotto flusso.

Nel *Dhammapada* si legge: "Contemplando il sorgere e lo svanire degli elementi dell'esistenza fenomenica, gioisci realizzando l'eterno".

Produzione e dissoluzione degli elementi si mescolano, in modo inarrestabile, come una danza armoniosa. Rimani al centro di questa danza e osserva in uno stato di profonda calma il fluire degli elementi di produzione e degli elementi di dissoluzione, osservali in modo equanime. Guardali manifestarsi sotto forma di sensazioni: l'elemento Acqua si manifesta con la sensazione di umidità o secchezza; senti il principio di coscienza dell'Acqua. Puoi percepire parti del tuo corpo più umide, altre più secche. Rilassati e senti la danza dell'elemento Acqua in tutti i tuoi organi. Ricevi da essa la capacità di fluire, senza attaccarti a nulla, senza trattenere nulla. Percepisci la tua mente come un flusso d'acqua calma, priva di ostacoli. La tua mente è come un lago calmo. Percepisci la fluidità dell'acqua. L'elemento Terra si manifesta con la pesantezza-leggerezza o sofficità e durezza. La terra è sostegno, è forza delle radici. Percepisci l'elemento Terra nel tuo corpo. Lascia che l'elemento Terra danzi nei tuoi organi. Percepisci come alcune parti del tuo corpo sono più morbide, altre più pesanti. Riconduci i tuoi organi a queste sensazioni, pesantezza-leggerezza o sofficità e durezza. Percepisci la stabilità della terra e interiorizza la sua forza, la sua conoscenza non mediata dalla mente, la sua energia istintiva.

L'elemento Fuoco si manifesta con l'esperienza del calore e del raffreddamento. Lascia che l'elemento Fuoco danzi nei tuoi organi. Senti quali sono le zone del tuo corpo più calde e quali quelle più fredde. Percepisci questo alternarsi di calore e di fresco. Assorbi l'energia e la forza dell'elemento Fuoco dentro di te, nei tuoi organi, che sono gli dei.

L'elemento Aria si manifesta con il movimento e l'immobilità. Lascia che il principio di coscienza dell'Aria scorra dentro il tuo corpo. Senti il movimento di alcuni organi e l'immobilità di altre zone del corpo. Anche l'Aria danza in te in un'armonia di movimento e di staticità. Contempla questa danza degli elementi nel tuo corpo con molto amore per il tuo essere fisico. Poi vedi la medesima danza nella foresta che ti circonda e contempla la foresta a occhi chiusi con molto amore.

Infine vedi la danza degli elementi simultaneamente nel tuo corpo e nella foresta senza soluzione di continuità. Stai con molto amore in questo stato di non dualità nel quale tu e la foresta siete distinti ma non separati.

Contemplazione dello scheletro che cammina

Cammina in modo rilassato nella foresta. I passi sono morbidi, lievi, la schiena è ben dritta, ma non rigida.

Cammina lentamente mantenendo la consapevolezza del tuo respiro, visualizzando, percependo il tuo scheletro. Fai esperienza del tuo scheletro in movimento. Ripeti mentalmente la parola *ati* e fa' che sia il tuo mantra: *ati* in lingua pali significa appunto "scheletro".

Rimani consapevole dei movimenti del tuo scheletro che cammina, in modo lento, fluido, senza sforzo. Porta l'attenzione su ogni singolo movimento di piedi e gambe. Percepisci il corpo come uno scheletro che cammina.

La meditazione camminata associata alla contemplazione dello scheletro favorisce la dissoluzione della pesantezza della gabbia dell'Io; crea uno stato di leggerezza interiore; rafforza il radicamento con l'elemento Terra.

Nel testo databile XVIII secolo, dal titolo *Shiva Samhitâ* – che in sanscrito significa "la raccolta di Shiva" – il corpo viene descritto come un microcosmo.

In questo corpo c'è il monte Meru, circondato da sette isole. Ci sono sette fiumi, mari, monti e campi e anche i proprietari dei campi.

Vi sono rsi [saggi] *e muni* [veggenti], *tutte le stelle e i pianeti. Vi sono i sacri tirtha* [i pellegrinaggi segreti], *i pitha* [i luoghi sacri] *e le divinità che proteggono i luoghi sacri.*

Vi si muovono il sole e la luna, autori della creazione e della distruzione. Vi sono anche l'etere, l'aria, l'acqua e la terra[7].

Il tuo scheletro è la tua terra.

Al termine della meditazione camminata chinati a raccogliere un pizzico di terra. Sfrega la terra tra le dita immaginando che sia il tuo stesso scheletro polverizzato. Pensa a un attaccamento che devi assolutamente lasciare andare perché limita la tua vita e la tua crescita. Poi getta la terra nell'aria, chiedendo alla foresta di aiutarti a lasciare andare il tuo attaccamento. Infine prendi un profondo respiro e riprendi a camminare con la sensazione di incominciare una nuova vita.

[7] *Shiva Samhitâ*, II, 1-3.

Meditazione per aprire la visione sottile

È da eseguire stando in piedi in un punto della foresta che attrae in modo particolare la tua attenzione.

Trova un singolo elemento in quel punto della foresta dove sei: un albero, un fiore, una roccia, un cespuglio.

Contempla l'elemento scelto immaginando di poterlo vedere dall'interno. Immagina tutto ciò che vi è al suo interno e come i vari elementi si muovono e interagiscono con l'esterno.

Quindi immagina di vedere il mondo e te stesso come se ti trovassi all'interno di quell'elemento, fiore, albero, cespuglio o roccia che sia.

Poi porta l'attenzione all'interno del tuo corpo e visualizza il tuo corpo dall'interno.

Inizia a contemplare del tuo corpo dall'alto: visualizza i capelli dalle radici, gli occhi dal bulbo.

Visualizza tutto l'interno il tuo corpo dall'alto al basso e poi risali dal basso all'alto.

Noi non abbiamo solo due occhi che guardano fuori, noi abbiamo anche uno sguardo interiore: attiva i tuoi occhi interiori, gli occhi dell'anima.

Contemplali con equanimità, senza alcun giudizio. Se sorgono pensieri disturbanti, sii consapevole e ripeti a te stesso "So che sto pensando questo…", fino a che il pensiero, senza opporre resistenza, se ne va.

Infine centra tutta la tua attenzione in un solo organo, per esempio il cuore. Vedi la foresta dall'interno del tuo cuore.

Questa meditazione crea una profonda fusione tra il tuo corpo e la foresta attivando tutto il potenziale curativo di essa.

La meditazione Kasina nella foresta

Kasina è un termine che, in lingua pali, significa "fissità". In questo tipo di meditazione ci si focalizza su di una particolare immagine della foresta, come un fiore, la cima di un ramo, una foglia, una macchia sul tronco di un albero ecc.

Puoi praticare questa meditazione sia stando seduto che in piedi.

Scegli l'immagine da contemplare, quindi siediti in postura meditativa o rimani in piedi dinnanzi a essa.

La concentrazione avviene a occhi aperti, fissando lo sguardo al centro dell'immagine prescelta. È necessario avere la massima accortezza di non muovere mai lo sguardo. Perciò bisognerà fissare un singolo punto dell'immagine al centro della stessa. Per esempio, se fissi il tuo sguardo sull'immagine di un fiore, decidi se vuoi fissare un petalo oppure il centro del fiore. Quindi tieni lo sguardo sul centro del petalo oppure sul pericarpo del fiore.

Se l'immagine che hai scelto di contemplare è un ruscello o uno stagno, fissa lo sguardo in un punto preciso del ruscello o dello stagno.

Dovresti cercare di tenere gli occhi fissi, immobili per diversi minuti. Durante questo tempo ripeti mentalmente il nome del colore dell'immagine sulla quale ti stai concentrando, come ripetessi un mantra. Per esempio: "Blu, blu, blu...", oppure "Rosso, rosso, rosso…".

Se, durante la pratica di fissità dello sguardo, gli occhi iniziano a lacrimare non preoccuparti: è una funzione benefica.

Se si manifesta un disturbo, un'emozione o un pensiero disturbante che vorrebbe distrarti, coloralo del colore che stai contemplando; lascia che il contatto con il colore si svolga al di là della mente pensante, come un gioco, senza sforzo. Con il potere della tua immaginazione colora il disturbo fino a che si scioglie, continuando a tenere lo sguardo fisso sull'immagine che hai scelto e a ripetere il nome del colore dell'immagine come un mantra.

Continua sempre a contemplare l'immagine che hai scelto, il suo spirito.

Kasina mette in gioco e stimola le facoltà dell'immaginazione e visualizzazione, nonché alimenta la capacità di attenzione per il tramite della concentrazione su un'immagine specifica e sul suo colore.

L'immersione nella natura stando in città

Anche in città è possibile fare un bagno di natura. Per esempio puoi coltivare orchidee in casa e praticare la meditazione Kasina sui loro magnifici colori. Avere nel proprio appartamento un bonsai può aiutare a fare diverse meditazioni. Anche le meditazioni camminate possono essere fatte in un appartamento, in un corridoio, per esempio. È sufficiente avere la possibilità di un percorso rettilineo di almeno quattro o cinque metri. Quindi si potrà camminare avanti e indietro lungo quel percorso avendo cura, alla fine del percorso, di girare il corpo lentamente e con piena consapevolezza di ogni movimento. Sarà molto importante mettere fiori e piante lungo il percorso e anche diffondere profumo di oli essenziali.

Se avete la fortuna di avere degli alberi oltre la finestra, tenete i vetri aperti quando praticate, se le condizioni meteorologiche ve lo consentono.

Coltivare piante in casa o sul terrazzo è il modo migliore per avere un bagno di natura a portata di mano. Viviamo in un universo immaginale dove tutto può essere simboleggiato: un intero tempio della foresta può rientrare in un *ficus benjamina* piantato in un vaso, il bosco intero può stare in un bonsai e la giungla in un'orchidea. Bisogna avere forza immaginativa e soprattutto tanto sentimento d'amore. L'amore che provi per un fiore o per una piantina può connetterti a tutti i fiori e a tutti gli alberi del mondo. È bene coltivare in casa anche piante aromatiche come il basilico, il rosmarino, la salvia, il timo ecc. Questo facilita la meditazione sugli odori.

Inoltre, per chi vive in città, vi è sempre il parco pubblico. I parchi di città sono luoghi dove è possibile praticare tutte le meditazioni descritte per la foresta.

Alimentazione

Anche i cibi che mangiamo possono aiutarci nei nostri bagni di natura. Fare un'immersione meditativa in un parco o in una foresta dopo avere mangiato i suoi prodotti come funghi, bacche, radici significa poter godere del contatto con la foresta dentro e fuori del nostro corpo simultaneamente.

È preferibile evitare cibi eccessivamente processati, zuccheri raffinati e alcolici prima di un bagno di foresta perché questi cibi alterano le percezioni e creano ansia. Gustare cibi semplici, masticando a lungo favorisce la meditazione.

Nel Buddhismo e nello Zen si segue una dieta vegetariana per non causare sofferenza agli animali.

Bagni di foresta a cavallo

Una volta all'anno organizzo un'immersione nelle foreste e nelle steppe dell'Altaj siberiano, al confine tra Russia, Cina, Mongolia e Kazakistan. Trascorriamo da una settimana a dieci giorni completamente immersi nella natura: durante la giornata ci spostiamo a cavallo attraverso meravigliosi paesaggi abitati da aquile, marmotte, cervi e linci; per la notte montiamo le tende vicino a un lago o a un fiume dall'acqua pura. Bere quest'acqua è fonte di comunione con la natura. Ci appare assolutamente evidente, allora, che l'acqua è portatrice di molte informazioni e di quanto pericolosamente l'umanità si sia allontanata dalla fonte del vero sapere poiché l'acqua processata degli acquedotti delle città non ha le medesime informazioni dell'acqua pura di sorgente. Alla sera ci accampiamo e, prima del tramonto, cerchiamo funghi, bacche e radici che cuciniamo sul fuoco.

Per il fisico i benefici di una settimana d'immersione meditativa nella natura sono incommensurabili: nessuna Spa potrebbe offrire altrettanto.

Le contemplazioni che si possono fare a cavallo sono le stesse che si applicano alla meditazione camminata, in più è possibile connettersi con il potere dell'istinto, risvegliandolo in noi.

Nel mito di Minosse e il Minotauro, Arianna, figlia di Minosse e sorellastra del Minotauro s'innamora di un uomo, Teseo, che la abbandonerà alla prima occasione. Arianna s'innamora dell'uomo sbagliato perché è separata dal proprio istinto, rappresentato dal Minotauro. Essere fratello e sorella, nel mito, significa essere due aspetti della medesima realtà. Il Minotauro simboleggia l'istinto di Arianna, da cui la ragazza è stata separata per decisione di suo padre, Minosse, il quale lo ha fatto rinchiudere nel labirinto.

Dobbiamo riconnetterci al nostro istinto per tornare a essere padroni della nostra vita. Quale migliore meditazione di comunione con l'istinto di una passeggiata a cavallo nella natura?

Il cavallo non è una macchina, chiede affidamento. Puoi sentire che lo governi, ma solo fino a un certo punto, oltre il quale devi affidarti alla sua intelligenza, che è l'intelligenza dell'istinto, che unisce tutte le immagini della natura, compresa la tua.

Il rituale dell'offerta

Devi sempre offrire qualcosa alla natura che incontri, che si tratti del tuo cavallo, del bosco, dell'albero sotto al quale hai deciso di meditare, del fiore che hai scelto per la pratica di fissità dello sguardo o di un ruscello o di uno stagno. Puoi offrire un canto, un mantra , una carezza, una promessa. Le promesse migliori da offrire sono due:

1) Prometto che quello che non è stato fatto farò!
2) Prometto di ricordare sempre che sono amato!

La foresta è avi, antenati. Se percepisci ciò, fai alla foresta la prima promessa.

La foresta è amore incondizionato. Se percepisci ciò, fai la seconda promessa.

L’estetica giapponese

Gli ideali tradizionali dell’estetica giapponese sono dieci. Ciascuno di essi può fornire uno spunto per una meditazione nella natura.

1) *Mono no aware* indica il pathos delle cose che svaniscono. Tutte le cose hanno pathos, o meglio, sono pathos, perché la natura di tutte le cose è l’impermanenza. Tutte le cose sono impermanenti perché sono anima. L’anima è invisibilità, tutte le cose svaniscono, tutte le cose sono anima.

Se le cose in natura non svanissero non avrebbero il pathos che hanno: è proprio la capacità di svanire che dà loro pathos, emozione.

Quando cammini nella foresta osserva con attenzione e osserva con più attenzione certe cose.

Quando torni indietro, ripercorrendo il medesimo sentiero, osserva le stesse cose che hai notato all’andata e realizza come sono diverse, in una luce nuova. L’apparire di tutte le cose dipende dalla luce e dalle sue variazioni. Cambiando la luce, mutano le cose. Le immagini non sono mai le stesse. Ciò che hai visto all’andata non è ciò che vedi al ritorno. Realizza con attenzione cosciente l’impermanenza di tutte le immagini.

L'ideale di *mono no aware* è rappresentato dai fiori di ciliegio i quali incominciano a cadere dopo pochi giorni che sono sbocciati. Proprio l'evanescenza della bellezza evoca in chi la contempla emozione e pathos.

Questa meditazione sviluppa la forza di amare incondizionatamente le persone e gli eventi per ciò che sono in ogni singolo istante, senza porre condizioni che dovrebbero verificarsi in un ipotetico futuro.

2) *Wabi sabi* indica la semplicità, l'umiltà e l'imperfezione come componenti fondamentali della bellezza. Nella foresta la bellezza è semplicità, umiltà e imperfezione, asimmetria.

La cerimonia del tè nella tradizione giapponese è indicata come simbolo di *wabi sabi* perché esprime il dare nell'umiltà e nella semplicità.

Quando cammini nella foresta entra in sintonia con la fragilità, l'incompiutezza delle forme, la semplicità e l'umiltà della natura.

Wabi sabi è percepire la bellezza in un oggetto rotto e aggiustato, piuttosto che in uno nuovo. Ugualmente in natura osserva le piccole cose, umili, magari sporche di fango, osserva le cortecce spelacchiate, i rami secchi, i fiori appassiti, gli alberi ricurvi e godi della bellezza di ciò che è meno appariscente.

Questa meditazione protegge dalla tristezza e sviluppa la capacità di trarre piacere dalle piccole cose.

3) *Jo-ha-kyu* è il principio del giusto ritmo e del giusto momento. Tutto nella foresta segue questo principio. Le piante attraversano lunghi periodi di tempo in cui non crescono, poi, nel giusto momento, iniziano a svilupparsi e crescono anche rapidamente. I fiori sbocciano nel giusto momento, gli animali escono dalla tana nel giusto momento. Saper cogliere il giusto momento è una questione

d'istinto. Quando cammini in una foresta, il principio di *jo-ha-kyu* va applicato all'osservazione degli uccelli, degli insetti e degli animali, se riesci a vederne. Quando vedi un uccello o un insetto pensa: "Questo è il giusto momento per noi di essere in contatto". Essere lì proprio in quell'istante per vedere il passaggio veloce di quell'uccello o di quell'insetto non è un caso, è il frutto del ritmo che lega tra loro tutte le cose nella foresta, te compreso, perché tu, in quel momento, sei un elemento della foresta.

Questa meditazione ti aiuta a sintonizzarti con le armonie universali e a essere spontaneamente opportuno, cioè capace di fare o dire la cosa giusta al momento giusto senza sforzo.

4) *Yugen* tradotto letteralmente significa "leggermente scuro". Questo termine sta a indicare il fascino di tutte le cose in penombra. Quando cammini nella foresta, cerca di essere consapevole di ciò che è nell'ombra. Quello che vedi alla luce del sole è solo una parte infinitesimale di ciò che è la foresta. La maggior parte degli aspetti della foresta è invisibile, è nell'ombra. Non parlo solo degli spiriti degli alberi, ma proprio di tutto ciò che non è illuminato e quindi è fuori dalla portata del tuo sguardo ordinario. Tuttavia tu puoi percepire ciò che è nella penombra. Puoi immaginare animali, insetti, piante del sottobosco che non riesci a vedere e da cui, magari, sei osservato.

Quando cammini nella foresta, chiudi gli occhi per brevi istanti e cerca di vedere oltre quello che i tuoi occhi ordinari hanno appena visto. In questo modo svilupperai la visione sottile.

5) *Miyabi* indica la bellezza della quiete o la quiete come dimensione in cui è possibile gustare la bellezza. La quiete presuppone essenzialità poiché la mancanza di essenzialità crea confusione e ansia.

L'essenzialità è anche eleganza e la quiete è anche cortesia. Perciò *miyabi* è l'insieme di quiete, essenzialità, eleganza e cortesia.

Quando cammini nel bosco apprezza la quiete e medita sull'eleganza dell'essenzialità; su come puoi portare nella tua vita, negli spazi dove abiti e lavori l'eleganza dell'essenzialità per ridurre la confusione che fomenta l'ansia.

6) *Iki* è un altro termine che da un punto di vista psicologico fa pensare al superamento dell'ansia. Infatti *iki* fa riferimento alla capacità di godere dei piaceri della carne senza compulsività, con distacco ed eleganza.

Chi sa fare questo è più magro e sensuale, perciò l'emblema di *iki* è la donna molto magra ed eroticamente attraente.

Per sviluppare questa componente, quando cammini nel bosco osserva la bellezza che non puoi toccare: senti che il non poter toccare ciò che ti attrae aumenta il tuo godimento della bellezza.

Questa meditazione ti aiuta a essere meno ansioso, vorace e compulsivo.

7) *Shibusa* è un concetto complesso, ma prevale in esso la naturalezza: è bello ciò che è naturale. Per sviluppare quest'aspetto nella tua personalità fai in modo che gli ambienti dove vivi siano più naturali possibili: ricchi di materiale naturale come il legno, per esempio. *Shibusa* fa anche riferimento alla bellezza come capacità di sottintendere, di lasciare aperte numerose interpretazioni, come possibilità di riempire l'immagine di contenuti da parte dell'osservatore.

Quando t'immergi nella natura, senti che ogni immagine che vedi è simbolo.

L'etimologia della parola "simbolo" conduce al significato di "mettere insieme, far coincidere", e fa dunque pensare alla metà di qualcosa che deve ricongiungersi all'altra parte di sé.

Percepisci le immagini che vedi in natura come simboli che devono condurti da un'altra parte, una parte invisibile agli occhi comuni ma afferrabile con il cuore. Quando, in natura, contempli un'immagine straordinariamente bella rivolgiti a essa con una preghiera: "Ti prego, ricongiungimi all'altra metà di te, affinché io possa com-prenderti in un abbraccio e, com-prendendo te, io possa com-prendere me!".

Questa meditazione ti dà una profonda comunione con la natura, con la tua anima e con la sua missione, nella quale si esprime la ragione per la quale la tua anima è venuta nel mondo.

8) *Yohaku-no-bi* è la "bellezza di ciò che manca". In un'opera d'arte questo ideale rappresenta ciò che è escluso dall'opera stessa.

Puoi sviluppare questo ideale mentre cammini nella natura: quando incontri una immagine che ti emoziona particolarmente chiediti cosa manchi all'immagine e ringrazia ciò che manca. Per esempio, se vedi un albero dai colori autunnali, dalle foglie meravigliosamente rosse e gialle, puoi renderti conto che nell'immagine mancano le foglie verdi e rigogliose dell'estate. Ringrazia il verde che manca. Se incontri un albero in fiore, puoi sentire che mancano i frutti e ringraziare i frutti oppure, se t'imbatti in un fiore particolarmente vistoso, puoi percepire la mancanza del bocciolo e ringraziarlo o ancora se incroci una distesa di muschio, puoi pensare alla mancanza di sole, giacché il muschio cresce nell'ombra, quindi puoi ringraziare il sole. Questa meditazione ti insegna a fronteggiare la mancanza e a trasformarla in una risorsa.

9) *Ma* fa riferimento al fatto che la bellezza è nel vuoto. Allo stesso modo in cui la melodia è nelle pause di silenzio tra una nota e l'altra, così la bellezza è nel vuoto tra un'apparizione e l'altra. Per sviluppare *ma*, quando prendi un bagno di natura, contempla il vuoto. Per esempio, osserva gli spazi vuoti tra le fronde di un albero, i vuoti tra i petali di un fiore mossi dal vento o le pause di silenzio nel canto di un uccellino.

10) *Kire* significa "tagliato fuori" e indica l'essere separato come stato indispensabile alla consapevolezza della continuità dell'impermanenza.

La continuità dell'impermamenza dell'onda in uno stagno – la quale ora c'è e ora non c'è – non è percepibile, a meno che non venga interrotta da una rana che salta fuori dall'acqua, la quale crea un movimento che "rompe" la continuità della scena. L'*ikebana*, la composizione di fiori recisi, è un esempio di *kire*. I fiori che sono "tagliati fuori" dal fluire della vita, in quanto recisi, non fanno che sottolineare la continuità dell'impermanenza della vita stessa nel loro appassire e tornare alla terra da cui originano fiori in un ciclo ininterrotto.

La morte è la garanzia dell'esistenza dell'immortalità.

Per fare l'esperienza di *kire*, quando prendi un bagno di natura e contempli un albero, un fiore o un filo d'erba, chiediti dove sia la nascita e dove la fine di ciò che stai contemplando. Dove è la creazione dell'albero? Nel seme? Ma il seme non può esistere senza albero e l'albero non può esistere senza seme. Il ciclo è ininterrotto. Nel Buddhismo tutte le immagini sono viste come eternamente presenti, tutto è nel qui e ora. Tutto è come luce di lampo: appare e svanisce continuamente nell'attimo presente.

La morte, proprio come la rana che salta fuori dallo stagno, è ciò che permette all'osservatore di sviluppare la consapevolezza della continua impermanenza di tutte le immagini, le quali sono eternamente non nate, mai create, mai reali, mai irreali. Non c'è creazione né distruzione, ma solo apparire, svanire e riapparire: come chiudere gli occhi e riaprirli, come espirare e inspirare.

Per sviluppare *kire* puoi anche concentrarti sul tuo respiro spontaneo, mentre prendi un bagno di natura, e ripetere a te stesso: "Nell'esalazione si ha il giorno, nell'inalazione la notte: nell'esalazione tutte le immagini vengo rese manifeste, nell'inalazione tutte le immagini vengono riassorbite". Oppure ripeti come un mantra questa semplice affermazione in sincronia con il tuo respiro spontaneo: "Appare, svanisce". Ripeti "appare" a ogni esalazione e "svanisce" a ogni inalazione. Questa meditazione guarisce e protegge dalla paura e dal vittimismo.

La foresta immaginale

Nella visione e nella psicologia immaginale il divenire è visto come una grande immagine complessa, una sorta di ologramma, nel quale non solo la parte è nel tutto ma anche il tutto è in ogni singola parte.

Questa immagine, che possiamo chiamare *grande imago*, è una manifestazione dell'amore. Essa si rende necessaria come richiamo, poiché la consapevolezza dell'amore si è perduta nell'ignoranza e va ritrovata.

Quando l'individuo affronta il simbolo immaginale della morte impreparato, cioè muore con attaccamento e paura, cade nella fossa dell'inconsapevolezza, nella quale il ricordo di sé, il ricordo dell'amore universale si perde, la coscienza si oscura e la conoscenza si smarrisce.

Quando, invece, l'individuo muore senza attaccamenti né paure, può, nella morte, incontrare il sacro, il *sacrum facere*, il darsi per amore e ciò lo conduce al Nirvana, la liberazione finale in cui tutta l'apparenza fenomenica, il ciclo illusorio delle vite, delle morti e delle rinascite, la cosiddetta ruota del *samsara* si dissolve.

Se l'individuo è morto prigioniero della mente, vittima degli attaccamenti, la paura ha generato uno spasmo, una contrazione o chiusura dei suoi sensi sottili, tali per cui egli si è perduto nel buio. La chiamata dell'amore allora si rende necessaria: la consapevolezza deve essere richiamata a sciogliere gli attaccamenti e a vincere le paure per ritentare la via della libertà.

Questa visione immaginale si sposa con la visione del Buddhismo Zen e dello yoga. Essa è magnificamente espressa nella *Bhagavad Gita*.

16. Oh Arjuna, tutti i mondi sono soggetti a continue rinascite, compreso quello del Deva Brahmà, ma colui che è giunto a Me non conosce più ritorno.

17. Chi sa che un giorno di Brahmà è composto da mille eoni, e che di mille eoni è anche la notte, sa cos'è un'era cosmica.

18. Ogni volta che sopraggiunge questo giorno, tutti gli esseri distintamente si emanano dall'Indistinto. Quando poi giunge la notte, è in quest'Immanifesto che tutto il manifesto si riassorbe.

19. Dopo essere nati e morti più e più volte, questa moltitudine di esseri, quando viene la notte di Brahmà, si riassorbono nell'Immanifesto, e loro malgrado tornano a rinascere quando viene nuovamente il giorno.

20. Ma al di là di questo formale divenire c'è un'altra Esistenza suprema e immanifesta, che è eterna e non svanisce quando tutti gli esseri sono riassorbiti.

21. Questa Realtà immanifesta e imperitura è ciò che viene chiamata la Meta suprema. Quando la si raggiunge non si rinasce mai più in questo mondo: essa è la mia eterna Dimora.

22. Oh figlio di Pritha, solo con un'esclusiva aspirazione e con amorosa devozione questo stato dello Spirito Supremo può essere raggiunto: in Quello risiede l'essenza di tutti gli esseri e di Quello l'intero universo è pervaso.

23. Oh toro tra i Bharata, ora ti rivelerò quale è il momento in cui scelgono di morire gli yogi che accedono al non ritorno, e quale è il tempo in cui invece si va sul sentiero del ritorno.

24. Quando risplendono il fuoco, la luce, il giorno, durante la luna crescente, nei sei mesi del corso settentrionale del sole, questi sono i momenti in cui i conoscitori del Brahman che muoiono raggiungono il Brahman.

25. Nel fumo, di notte, durante la quindicina della luna calante, nel semestre del sole decrescente verso sud, lo yogi che muore allora raggiunge la luce lunare, ma dovrà tornare.

26. Questi sono i due perenni percorsi del mondo, il percorso luminoso e quello oscuro. Attraverso il primo si accede al non ritorno e attraverso l'altro si torna nuovamente.

27. Oh figlio di Pritha, lo yogi che conosce questi due sentieri non subisce inganno, perciò in ogni istante sii disciplinato nello yoga, oh Arjuna.

28. Una volta che lo yogi conosce tutto questo e ne pratica la disciplina, oltrepassa tutti i frutti meritori dello studio dei Veda e dei sacrifici, tutte le austerità e le carità: consegue così la suprema e originaria Dimora.

La nascita e la vita son dunque una *grande imago*, una chiamata all'amore che si manifesta poiché nella precedente esistenza si è morti con attaccamento e paura e ci si è smarriti.

Per effetto del formarsi della *grande imago*, madre e padre s'incontrano e si accoppiano e tutte le immagini della vita si producono, unitamente all'immagine della morte finale, nell'istantaneità della medesimezza, simultaneamente. Tutte le immagini che si formano al momento del concepimento sono modellate dai venti del karma, la legge dell'azione e della reazione, la quale genera proprio quelle immagini di cui abbiamo bisogno per sciogliere gli attaccamenti che ci hanno resi vittime della paura nel precedente transito dalla vita alla morte.

Nella *grande imago* ogni singolo evento porta in sé la chiamata al darsi per amore. Questo rende ogni singolo evento della vita una prova. A volte, per effetto degli attaccamenti e della paura, le prove sono molto ardue ma, nell'istante in cui – con il concepimento – la *grande imago* si forma, s'innestano in essa aiuti e alleati.

Tutti i boschi, le foreste, le piante, i fiori, gli animali, gli insetti, gli uccelli e i luoghi naturali che incontriamo nella vita sono i potenti alleati che, in virtù del nostro karma favorevole, abbiamo meritato: dobbiamo sempre cercare di essere all'altezza dell'incontro con loro. Essi si manifestano nei momenti opportuni e a volte stanno al nostro fianco per molti anni, alcuni per tutta una vita. Ci aiutano persino nel transito dalla vita alla morte e dalla morte alla successiva rinascita.

Per tutte queste ragioni l'atteggiamento che dovremmo tenere di fronte alle immagini della natura è un atteggiamento di profonda, incondizionata gratitudine.

La foresta immaginale e l’assenza di sforzo

Le cose viste dalla foresta sono diverse. A volte le persone si sforzano molto per poter guadagnare di più, ma una camminata consapevole nella foresta può dare l’idea vincente e aprire le porte dell’abbondanza senza sforzo. La natura è Demetra, Grande Madre, simbolo di fertilità e abbondanza.

La foresta ama tutti, un bagno di natura lava via i cattivi pensieri e i rancori.

Le nostre certezze sono, in verità, le nostre più grandi bugie. La natura può ripulirci dalle convinzioni e dalle opinioni e ispirare ideali autentici.

La natura ha il profumo della dolcezza e lenisce le ferite di chi si sente solo o tradito. I problemi della coppia andrebbero affrontati nella natura.

In natura tutto è puro fin dall’origine. Il bagno di natura è molto utile per ritrovare la purezza originaria di ogni cosa, che è lo stato della non dualità in cui essere impeccabilmente creativi.

Gli spiriti della foresta

Quando si parla di natura immaginale è inevitabile parlare degli spiriti di natura.

Per gli animisti e gli sciamani, che hanno un pensiero immaginale, non c'è bisogno di cementificare per costruire templi: la natura è il tempio e nessuna opera d'arte umana la può uguagliare. La natura immaginale è anima ed è casa di molteplici esseri sottili.

Nello Shintoismo, che nasce in Giappone come religione animista, *Kami* e *Magami* sono spiriti o divinità di natura che vivono nella foresta. In Giappone non è insolito trovare persone che pregano nelle foreste.

Come in tutte le tradizioni animiste, anche nello Shintoismo la realtà spirituale è complessa, per cui uno spirito può essere molti e molti possono essere uno. *Kami* sono chiamati generalmente gli spiriti maschili e *Magami* gli spiriti femminili. Questi spiriti possono essere sia gli spiriti degli alberi, degli animali, sia gli spiriti degli antenati, sia gli spiriti guida dei viventi (i *daimones* degli antichi Greci).

I *Kodama* sono una particolare categoria di *Kami* e *Magami* che vivono negli alberi (come le Driadi, le Ninfe dell'antica Grecia o i Nat dell'animismo birmano). Essi hanno ispirato diversi personaggi dei cartoni animati giapponesi.

Ai Nat, gli spiriti della foresta del pantheon animista birmano, io ho dedicato un libro accompagnato da un mazzo di carte. In *Le Carte dei Nat e le costellazioni familiari*[8] sottolineo l'associazione tra gli spiriti della foresta, i cosiddetti Signori della Natura, da un lato, e le forze selvagge della psiche e gli antenati, dall'altro.

Lo Shinrin-Yoku è relax attivo, a differenza del relax passivo che si acquisisce di fronte al televisore o allo schermo di un computer, infatti implica l'utilizzo di tutti e cinque i sensi ordinari e in più può coinvolgere anche i sensi sottili, se si è consapevoli della realtà spirituale della foresta.

Questa consapevolezza ci permette di intrattenere con la foresta un dialogo immaginale.

[8] Selene Calloni Williams, *Le Carte dei Nat e le costellazioni familiari*, Edizioni Mediterranee, Roma, 2011.

Il dialogo immaginale

Le immagini di natura sono innesti, come perle preziose incastonate nel gioiello della tua vita, nei punti nevralgici della *grande imago*, al fine di permetterti di affrontare le sfide e le difficoltà oltre i limiti delle paure, consentendoti di avere un comportamento tale da accedere non solo all'abbondanza e alla gioia, ma anche alla libertà, all'integrità e all'impeccabilità dell'azione priva di attaccamento. Per questo ti è possibile rivolgerti ai Signori della Natura come a potenti alleati.

Nella tradizione immaginale occidentale gli spiriti di natura sono Driadi, Ninfe, ma anche spiriti elementali. Gli Elementali sono gli spiriti degli elementi: Terra (Gnomi), Acqua (Ondine), Fuoco (Salamandre) e Aria (Elfi). Molti importanti autori occidentali si sono dedicati alla descrizione di questi spiriti, tra costoro voglio ricordare Rudolf Steiner, il padre dell'Antroposofia.

Gli Elementali sono gli spiriti che determinano i fenomeni naturali come il maturare dei frutti o il temporale. La loro esistenza fu oggetto di una ricerca importante del movimento teosofico fondato da Helena Petrovna Blavatsky nel 1875 e rimase al centro degli interessi dei principali esponenti del movimento, tra cui Steiner. Quest'ultimo si è espresso in questi termini:

Durante l'intera vita l'uomo assorbe dalla natura gli spiriti elementali. Ciò avviene per il semplice fatto che egli osserva la natura; con quest'atto l'uomo lascia entrare dentro di sé gli spiriti senza alterarli; se in più egli vede il mondo esterno all'interno di sé e lo elabora per mezzo di idee, ideali, sentimenti di bellezza, libera e salva gli spiriti elementali[9].

Nella tradizione dello yoga sciamanico, e in particolare del Mantra Madre, che comprende un complesso di pratiche e insegnamenti esoterici, è conosciuto il mantra attraverso il quale è possibile rivolgersi agli spiriti elementali per prenderli con sé. Questo mantra va bisbigliato alle immagini più belle che s'incontrano durante le passeggiate nelle foreste con l'intenzione di dire allo spirito dell'immagine: "Vieni con me!".

Quando cammini nella foresta e incontri un'immagine che attrae la tua attenzione in modo particolare, come quella di un laghetto o di un albero eccezionalmente bello o di un rapace in volo o di una distesa di fiori, bisbiglia il mantra e chiedi allo spirito del lago, dell'albero, dei fiori di venire con te.

Liberando l'immagine dal senso del materialismo, realizzando che tutte le immagini sono anima e che la bellezza attraverso la quale gli spiriti si esprimono è la manifestazione dell'amore, ricambiando l'amore che ti viene dato con altrettanto amore, libererai gli spiriti ed essi rimarranno con te come forze, idee, potere di creatività e di visione.

Questo mantra con il quale puoi unirti agli spiriti elementali è: *A-MA-TE-RA-SU-O-O-MI-KA-MI*.

[9] Rudolf Steiner, *Gerarchie spirituali e loro riflesso nel mondo fisico*, Editrice Antroposofica, Milano, 2009.

Amaterasu Omikami è la dea del sole nello Shintoismo. Ogni singola sillaba del suo nome è una suono dotato di "poteri misteriosi", come afferma Michio Kushi:

In Estremo Oriente e specialmente in Giappone, in epoche preistoriche questa serie di suoni era ritenuta dotata di forti poteri misteriosi. [...] Era ritenuta capace di proteggere dalla morte e di affinare le qualità fisiche, mentali e spirituali. [...] Nello shintoismo tradizionale era conosciuta con il nome di Togoto-No Kajiri o Parole Divine Decasillabiche[10].

Per mezzo di questo mantra puoi porre domande agli spiriti di natura – Elementali, Ninfe, Driadi, Kami, Magami – e ricevere risposte.

La domanda la poni con il tuo linguaggio, gli spiriti ti rispondono con il loro linguaggio, che non è umano. Questo significa che una mattina, al risveglio, contemplando la tua domanda, ti accorgerai di possedere la soluzione. Forse non collegherai immediatamente la risposta alla preghiera che avevi rivolto agli spiriti, ma prima o poi ti ricorderai di aver cercato la soluzione durante un'immersione nella foresta, rammenterai di averla chiesta agli spiriti, allora saprai che essi ti hanno risposto.

A volte la risposta degli spiriti è intellegibile in modo immediato: la si legge in un soffio di vento improvviso, nel grido di un uccello, in una farfalla che passa a pochi centimetri dal viso. Bisogna saper decifrare il linguaggio della natura; questa è un'abilità che si acquisisce chiedendola all'anima del mondo e alla foresta.

[10] Michio Kushi, *Il libro del Do-In*, Edizioni Mediterranee, Roma, 1985, p. 121.

Il pensiero e lo stato immaginale

L'immaginale è la soglia liminale tra conscio e inconscio, tra visibile e invisibile. È lì, in quella "terra di mezzo" che nascono tutte le immagini, all'incontro tra gli opposti, lì vengono concepiti gli eventi e i comportamenti, lì nasce la nostra immagine e quella della foresta e l'immagine della nostra passeggiata nella foresta.

La camminata nella natura conduce proprio lì, nell'immaginale e non devi fare niente per arrivarci, se non camminare nella natura, impegnando i tuoi sensi a godere del contatto con la bellezza, con mente libera e cuore aperto.

Il pensiero immaginale è il pensiero più creativo, libero, lo stato immaginale è lo stato di massima creatività, per raggiungerlo non devi compiere alcuno sforzo personale, anzi lo sforzo in questo caso sarebbe deleterio. Piuttosto devi lasciarti catturare dalla bellezza, dai profumi, dai suoni della foresta, sollevandoti da ogni impegno personale.

È solo al cadere di ogni sforzo per fare o per essere qualcosa che tu e la foresta veramente vi unite: questo incontro ti dona l'accesso allo stato immaginale che è una condizione di rigogliosa creatività.

Nietzsche scriveva: "Non fidarsi dei pensieri che non sono nati all'aria aperta e in movimento"[11].

Quello che puoi immaginare nella foresta ha più probabilità di accadere di quello che immagini tra quattro mura perché la foresta può creare insieme a te.

[11] Friedrich Nietzsche, *Ecce Homo*, traduzione di R. Calasso, Adelphi, Milano, 1969, p. 35.

Esperienze visive

Stando seduto, in piedi o camminando nella foresta, non mettere a fuoco le immagini come volessi vedere oltre ciò che guardi. Vedrai forme e movimenti che prima non vedevi, scoprirai un'altra foresta nella foresta, ancora più misteriosa e meravigliosa: è la foresta immaginale dove abitano gli spiriti.

Poi fatti vedere dagli spiriti, socchiudendo le labbra, respirando attraverso la bocca in modo appena un po' più profondo rispetto al respiro spontaneo e immaginando di respirare la foresta dentro di te.

Esperienze uditive

Ascolta i suoni della foresta con attenzione cosciente come fossero un linguaggio, lasciali entrare in te attraverso le tue orecchie e ogni poro della pelle provando piacere al loro contatto, senti che essi ti nutrono, come ambrosia o nettare.

Poi fatti udire dagli spiriti, ascoltando con attenzione i rumori prodotti dal tuo corpo: il suono dei tuoi piedi che calpestano il terreno, il suono del tuo respiro: offri i suoni prodotti dal tuo corpo agli spiriti come nutrimento per loro. Puoi anche sussurrare un canto per gli spiriti ma fai in modo che sia in armonia con gli altri suoni prodotti dal tuo corpo.

Esperienze olfattive

Chinati per odorare la terra, avvicinati al tronco di un albero e odoralo, odora fiori e odora l'aria. Senti i profumi della foresta come nettare sottile che ti nutre e ricambia consegnando il tuo odore al vento consapevolmente. Ascolta il vento che lambisce la tua pelle, consapevolmente consegna a esso l'odore del tuo corpo affinché lo porti come tuo dono agli spiriti. Gli spiriti sono anche chiamati "mangiatori di odori", giacché si nutrono della sostanza sottile delle cose; lascia che si nutrano di te e tu nutriti di loro, entrando in un'unione con la foresta davvero intima e profonda.

Esperienze gustative

Respira attraverso la bocca socchiusa tenendo le labbra sporgenti un po' all'infuori, come per fischiare. Avrai l'impressione di succhiare l'aria inalando attraverso la bocca. Allora potrai gustare i sapori della foresta.

Fatti gustare dalla foresta a ogni espirazione, consapevole che le piante assorbono il tuo espiro e i loro spiriti lo assaporano.

Esperienze tattili

Non solo tocca la terra a pieni nudi, i tronchi, le pietre, le foglie con le tue mani, fatti anche toccare dal bosco. Lascia parti del corpo scoperte, se fa freddo puoi farlo ugualmente anche se solo per breve tempo: il viso, un braccio, il polpaccio, il collo, la testa. Senti che il bosco ti tocca a mezzo del suo alito, della sua brezza; lasciati raggiungere e accarezzare, sii consapevole. L'attitudine più importante è la consapevolezza: sii consapevole del fatto che il bosco sta facendo esperienza di te nella misura in cui tu consapevolmente fai esperienza di lui. Quando questa consapevolezza è vivida, lucida, chiara, allora tu e la foresta siete il riflesso l'uno dell'altra, due realtà distinte ma non separate, infatti, in quanto riflessi, nessuno dei due esiste nella propria realtà separata, in verità esiste unicamente la vostra relazione, la quale è un darvi l'uno all'altra reciproco e incessante, un gustarvi, e un percepirvi che è amarvi. In questo stato di consapevolezza i tuoi centri dell'energia vitale si aprono e la tua creatività può fluire: la foresta risveglia il tuo potere creativo.

La foresta ti conosce da sempre e nutre la tua creatività

Tu e la foresta siete un'unica immagine. Mentre cammini senti che anche la foresta si muove intorno a te: gli insetti, gli uccelli, i rami, le foglie, i fili d'erba agitati dal vento. Se solo tu fossi passato da quel luogo un istante prima, lo scenario sarebbe stato diverso: la foresta crea sempre lo spettacolo più giusto per te, ti conosce, ti aspetta, sa esattamente quando passerai e ti prepara la scena. Ecco perché devi camminare nella foresta con attenzione e amore: tutto è stato predisposto per te, per comunicarti qualcosa che la tua mente logica non può afferrare ma che il pensiero del cuore può riconoscere. La foresta vuole nutrire la tua fertilità attraverso le immagini, i suoni, i sapori, gli odori e le sensazioni. Non devi mai andare nella foresta a mani vuote. Porta i tuoi pensieri migliori, un canto, un sorriso, un respiro sincero, un buon proposito, un'emozione di gratitudine, perdono e dolcezza, un sentimento di fede e di passione, il battito del tuo cuore, il tuo respiro, e fanne dono.

Dopo un po' che cammini chiedi alla foresta di manifestare l'angolo giusto per sederti. Scegli insieme alla foresta il momento in cui fermarti, la pietra su cui sederti, l'albero al quale appoggiarti. Questo luogo preciso deve nascere dalla relazione tra te e la foresta o non sarà mai il posto giusto: soffierà vento, farà caldo o freddo, ci saranno troppi insetti o poca luce, ma se la scelta maturerà dalla relazione allora sarà il tuo rifugio e la culla della tua creatività e tutto sarà perfetto.

Un obiettivo non ha senso se lo persegui solo per te stesso.

Qualsiasi cosa tu voglia raggiungere nella tua vita, pensala nel luogo di pace che la foresta ha disegnato per te e, chiudendo gli occhi, immagina di poter vedere gli animali che si nascondono nella foresta e che stanno percependo la tua presenza, anche a molta distanza. Dedica a loro il tuo obiettivo: immediatamente riceverai la forza della Terra, il coraggio dell'Acqua, la passione del Fuoco, la vastità dell'Aria e non potrai fallire. Se il tuo obiettivo si modificherà per adeguarsi alle armonie e alla volontà universale, accetta le sue trasformazioni. Sii aperto, duttile, elastico, pieno d'amore, impeccabile e calmo come la foresta. Chi medita nella foresta diviene la foresta.

La selva è uno stato della coscienza: la condizione in cui ogni desiderio fluisce senza sforzo verso il proprio compimento.

Non indietreggiare di fronte a obiettivi che riguardano il denaro, l'abbondanza e la sua conquista, piuttosto guarda al denaro e alle ricchezze come a una potenza che deve essere riconquistata per la foresta. In questo modo potrai contribuire a restituire alla natura un po' di ciò che le appartiene, e se solo parteciperai a questa opera in una piccola misura riceverai tesori enormi.

Il denaro è il simbolo manifesto di un'energia invisibile che pervade di sé l'universo, esso appartiene alla natura. L'uomo lo ha messo – con un atto contro natura – prepotentemente al servizio del proprio ego. Riconquistare il potere del denaro per metterlo nelle mani della Madre è un'opera importante che dona gratificazione e piena realizzazione. In questa impresa non sei solo: nella foresta vi sono i tuoi potenti alleati e gli strumenti giusti per te. Il primo fra tutti è la creatività.

Ogni turbamento per ciò che concerne il denaro e il suo uso, ogni esigenza, ogni rimpianto è indice di un attaccamento e di una paura, è sintomo del fatto che non sei pienamente nel flusso dell'abbondanza naturale, allora o hai difficoltà a ricevere o crei stagnazione perché accumuli e hai difficoltà a lasciar andare.

Lo Shinrin-Yoku, l'immersione nella foresta, può guarire le tue difficoltà.

È provato che la creatività è la dote più utile all'uomo per la sua realizzazione nel mondo del lavoro e del denaro, assai più efficace del mero quoziente intellettivo o di altre doti logiche.

In questo libro vi sono le chiavi pratiche della relazione con la foresta che dona creatività. La foresta è un invito ad agire, perciò il modo migliore per comprendere quanto è esposto in questo libro è quello di mettere in pratica i rituali di immersione nella foresta che esso descrive.

Quando, in meditazione, ho raggiunto il *samadhi*, lo stato di unione con il tutto, è stato nella foresta.

Quando sono nata sono venuta nel mondo della solitudine e della paura, dove la natura è oggetto da sfruttare e da domare. Mi sono risvegliata nel mondo della gioia, dove la natura è un'infinita ricchezza di spiriti alleati, compagni di viaggio e amanti capaci di amore incondizionato; in questo mondo non c'è bisogno di chiedere, poiché tutto ciò di cui si ha bisogno viene dato prima ancora di dover fare lo sforzo di domandare. Oggi so che la vera vita è la seconda, la vera nascita è la seconda, la vera Madre è la seconda.

La foresta guarisce le relazioni

Nella foresta apprendi la non dualità, che è lo stato della relazione al di là di soggetto e oggetto.

Tutte le relazioni sono oltre soggetto e oggetto. Quando siamo in relazione con un'altra persona, questa persona ci fa da specchio: siamo riflessi l'uno dell'altro, i riflessi non possono esistere nella loro individualità separata, esistono unicamente come relazione.

Nella relazione con il denaro, con il cibo, con il tuo corpo, con gli altri, ugualmente non vi è né soggetto né oggetto, ma unicamente una relazione.

Nella foresta la vita e la morte, il visibile e l'invisibile, gli alberi e i loro spiriti sono in una relazione incessante. La vita è data dall'aggregarsi degli elementi, Terra, Acqua, Fuoco e Aria, la morte è data dal disgregarsi degli elementi che tornano ciascuno alla propria origine.

Tutto è composto di Terra, Acqua, Fuoco, Aria. Pacificare la relazione con gli elementi è pacificarc le nostre relazioni. Questo si può fare nella foresta.

La pacificazione della relazione con la Terra

Nella Teosofia e nell'Antroposofia la Terra è un principio d'intelligenza chiamato Gnomi. Nel Buddhismo la Terra è la coscienza della sofficità e durezza o leggerezza e pesantezza.

Per entrare in relazione con questo principio di coscienza afferra una foglia e tienila tra le mani, sentine la sofficità e la leggerezza. Chiudi gli occhi per un istante e dai alla foglia che hai tra le mani tutto il tuo amore. Poi restituisci la foglia alla foresta. Quindi afferra un sasso, tienilo tra le mani, sentine la durezza e la pesantezza. Chiudi gli occhi per un istante e dai al sasso che hai tra le mani tutto il tuo amore. Poi restituisci il sasso alla foresta.

Quindi esegui il "mudra della triplice accettazione" (il termine "mudra" utilizzato nello yoga fa riferimento a un gesto dotato di significato simbolico[12]): porta la mano destra sulla spalla sinistra e la mano sinistra sulla spalla destra. Puoi eseguire questo mudra stando fermo in piedi o seduto, oppure camminando.

Con questo gesto simbolico esprimi la completa intenzione di accettare pienamente la tua incarnazione nel tuo corpo, nella tua famiglia, nella tua epoca.

[12] Vedi Gertrud Hirschi, *I nuovi mudra. Gesti sacri di energia*, Edizioni Mediterranee, Roma, 2003.

Abbraccia la terra come principio d'intelligenza presente in tutte le cose o, se preferisci, forse più poeticamente, come Gnomo della foresta. Dando tutto l'amore di cui sei capace alla foresta e alle creature che la abitano. Gli Gnomi sono gli appassionati guardiani delle ricchezze. Quegli organi del tuo corpo dove l'elemento Terra è più presente sono connessi con l'intelligenza della Terra; essi possono soffrire per una prolungata difficoltà con l'abbondanza e con il denaro, se questi sono fonte di ansia e preoccupazione. È possibile rilassare queste ansie stando nella natura ed è anche possibile che, nella foresta, ti arrivino intuizioni a riguardo di ciò che devi fare per migliorare la tua posizione nei confronti del denaro. La natura è pura creatività. Oggi siamo coscienti del fatto che il lavoro fisico e persino l'intelligenza umana possono essere sostituiti dalle macchine; la creatività è un potere che non può essere rimpiazzato, è enormemente prezioso ed è potenziato dal contatto con la natura. Tutte le risorse di cui hai bisogno sono già parte di te, lascia che la foresta ti aiuti ad attivarle.

La pacificazione della relazione con l'Acqua

Se nella Teosofia e nell'Antroposofia l'Acqua è un principio d'intelligenza chiamato Ondine, nel Buddhismo l'Acqua è la coscienza dell'umidità e secchezza.

Entra in relazione con questo principio di coscienza toccando ciò che è umido: una pozza d'acqua, del muschio. Dai a ciò che tocchi tutto l'amore possibile. Senti il tuo corpo divenire più umido. Poi appoggia la stessa mano con cui hai toccato l'umidità al tronco di un albero oppure alzala verso la luce del sole; senti come il tronco assorbe l'umidità della tua mano o senti questa umidità evaporare via. Offri l'umidità e senti il tuo corpo diventare più secco.

Quindi esegui il mudra della triplice accettazione e abbraccia l'intelligenza dell'Acqua, le Ondine della foresta. Le Ondine sono le infaticabili ispiratrici della conoscenza, della comunicazione e della comunione con gli altri. L'acqua trasporta informazioni.

Quegli organi del tuo corpo dove l'elemento Acqua è più presente sono connessi con l'intelligenza dell'Acqua: essi possono soffrire per uno stato di difficoltà nel conoscere e per una prolungata situazione di confusione interiore o di solitudine.

Le Ondine rientrano in tutti quei processi che hanno a che vedere con la capacità di conoscere ed essere assertivi.

Essere assertivo significa poter dire quello che si deve in modo equilibrato, senza sbottare, ma senza trattenersi o reprimersi.

La foresta ti regala questo incontro con le Ondine: l'assertività, la chiarezza della conoscenza e la capacità di vivere in profonda comunione con gli altri vincendo ogni situazione sofferta di solitudine.

La pacificazione della relazione con il Fuoco

Il Fuoco è visto nella Teosofia come un principio d'intelligenza chiamato Salamandre, mentre nel Buddhismo esso è coscienza di calore e raffreddamento.

Per entrare in relazione con questo principio tocca una pietra e un tronco d'albero. Se, camminando nella foresta, riesci a toccare una pietra posta all'ombra e un tronco posto al sole l'esperienza sarà ancora più intensa. Dai il tuo calore corporeo alla pietra, immaginando di scaldarla e senti il tuo corpo raffreddarsi. Poi dai il freddo all'albero e, assorbendo il suo calore, senti il tuo corpo riscaldarsi. Ama con tutte le tue forze la pietra e l'albero allo stesso modo.

Esegui quindi il mudra della triplice accettazione e abbraccia l'intelligenza del Fuoco, le Salamandre della foresta. Le Salamandre sono le nobili guerriere e i nobili guerrieri che sostengono le sfide principali della tua vita, rappresentano i tuoi ideali e le tue più nobili ed elevate intenzioni. Gli ideali sono aspirazioni in armonia con la missione dell'anima, che ci permettono di realizzare ciò per cui l'anima è venuta; sono ben diversi dalle ideologie, le quali, create dal pensiero mentale, non prendono in considerazione il sacro e l'amore. Gli ideali sono prodotti dal pensiero del cuore e ci danno la forza di invecchiare, di fare un buon transito dalla vita alla morte e dalla morte alla successiva rinascita, ci consentono di dormire sonni profondi e di prendere energie e idee importanti dai sogni. Considerando che la morte e la vita, il sonno e la veglia sono, in verità, stati simultanei, gli ideali si comportano come chiavi segrete dell'arte del vivere e del morire, dello stato di veglia e dello stato di sonno.

Le Salamandre possono aiutarci a mettere a fuoco i nostri ideali, a coltivarli, a farli crescere, a nutrirli e sostengono le nostre sfide interne ed esterne per realizzarli.

Quegli organi del tuo corpo dove l'elemento Fuoco è più presente sono connessi con l'intelligenza del Fuoco: essi possono soffrire a causa di una vita nella quale si lavora, ci s'impegna, ci si sforza per realizzare il sogno di qualcun altro e, dimenticando gli ideali dell'anima, si accetta di eseguire compiti non creativi, per i quali non si prova passione. Chi s'impegna con creatività alla realizzazione di un ideale sentito, in verità non lavora mai un solo giorno della propria vita, anche se la sua occupazione è generalmente classificata come lavoro.

Gli organi pieni dell'elemento Fuoco hanno bisogno di pulsare e lavorare per gli ideali dell'anima. La foresta può aiutarti ad avere una buona relazione con questi organi, prevenendo malattie, e può consentirti di focalizzare meglio i tuoi ideali.

Unirsi alle Salamandre aumenta il fuoco interno dell'aspirazione che è talora definito come "calore psichico".

La pacificazione della relazione con l'Aria

Nella Teosofia e nell'Antroposofia l'Aria è un principio d'intelligenza chiamato Elfi. Nel Buddhismo l'Aria è la coscienza del movimento e dell'immobilità.

Per entrare in relazione con questo principio di coscienza, mentre cammini o stai seduto o anche fermo in piedi nella foresta, osserva i tronchi degli alberi più grossi, percepisci la loro immobilità, ma immagina il continuo movimento della linfa vitale che scorre al loro interno, poi osserva la terra, consapevole della sua fermezza e simultaneamente dell'incessante movimento prodotto dagli insetti e dai microrganismi che la popolano.

Trattieni il respiro per qualche istante e immagina tutto perfettamente immobile intorno a te, poi respira sentendo che il tuo respiro muove l'aria. Immagina di viaggiare nell'aria come respiro e di essere vento, di poter muovere le foglie, i fili d'erba, di far respirare le creature, persino i microrganismi. Entra con la tua immaginazione tra gli aghi dei pini, nelle fenditure della corteccia, tra gli anfratti più reconditi della foresta e porta movimento. Quindi trattieni di nuovo il respiro per qualche istante, vivendo la sensazione della sospensione e dell'immobilità, poi di nuovo viaggia con il tuo respiro come vento che muove ogni cosa.

Esegui quindi il "mudra della triplice accettazione", sempre stando fermo in piedi o seduto, oppure camminando. Abbraccia gli Elfi che sono gli infaticabili nomadi e i leggeri araldi della fama. Rientrano in tutti quei processi che hanno a che vedere con la capacità di viaggiare, di cambiare, di essere conosciuti e riconosciuti. Essere conosciuti e riconosciuti, avere un buon nome o una chiara fama è il dono più prezioso che un Elfo può fare al suo compagno umano.

Unisciti agli Elfi e in particolare senti il contatto profondo con uno o una di essi. È il tuo leggero araldo della fama. La foresta ti regala questo incontro, potrai portarlo con te. Egli starà con te se hai un ideale.

Gli Elfi sono anche gli infaticabili ispiratori del nomadismo. L'aria porta voglia di muoversi, di viaggiare per conoscere.

Quegli organi del tuo corpo dove l'elemento Aria è più presente sono connessi con l'intelligenza dell'Aria, essi possono soffrire per una prolungata difficoltà nel muoversi: fare attività fisica, partire, viaggiare, lasciare degli attaccamenti pesanti, interrompere una relazione malata, lasciare un luogo dove non si sta bene ecc. Nella foresta puoi trovare le forze per muoverti e le intuizioni su come spostarti e dove andare.

Unirsi allo spirito dell'Aria scioglie gli attaccamenti che appesantiscono il viaggio e ci aiuta a proseguire.

Pila di sassi zen

Lascia un segno del tuo passaggio nella foresta che non ne alteri minimamente l'equilibrio, che non infastidisca nessuno ma che possa essere per il futuro viaggiatore un richiamo a meditare nella foresta e che possa essere per te un'immagine ricordo capace di dare sempre più forza all'immersione nella foresta che hai compiuto.

Mentre cammini, raccogli delle pietre e, quando ne hai a sufficienza, trova un angolo che ti piace e qui disponi le pietre una sopra l'altra dalla più larga alla più stretta al fine di creare una pila zen.

Fermati per qualche istante a contemplare la scena: la pila di sassi e il paesaggio circostante. Lascia che l'immagine si depositi dentro di te. Essa costituirà nella tua memoria una "immagine ancoraggio". Si possono definire in questo modo tutte quelle immagini che ci legano al ricordo di un rituale importante che abbiamo fatto. Il rituale acquisisce tanta più forza quanto più diviene ricordo e scende nelle profondità della psiche. Avere un'immagine ancoraggio della pratica che si è svolta nella foresta può essere importante. L'immagine ancoraggio deve essere costituita da molta bellezza e da qualcosa che hai fatto tu di persona: quale migliore ancoraggio di un angolo meraviglioso della foresta dove hai realizzato una pila di sassi zen?

Dedica la tua pila agli spiriti del bosco. Ogni sasso è unico e ha la sua storia, è stato modellato in milioni di anni, e ogni giorno è stato accarezzato dalla luce del sole e ogni notte dalla luce della luna; alcuni sassi vengono persino da altri pianeti. Per gli sciamani di tradizione turco-mongola i sassi hanno un'anima e una memoria. Avvicina il sasso al tuo cuore prima di deporlo nella pila zen. Questo piccolo gesto è un saluto, un segno di rispetto e un avvicinamento all'anima del mondo. Puoi anche affidare un tuo problema ai sassi che allinei nella pila zen.

Se fossi

Camminando nella foresta chiediti se tu fossi un albero che albero saresti, se tu fossi una pietra, un fiore, un angolo o un'erba di quella foresta che pietra, che fiore, che angolo o che erba saresti.

Quindi, camminando, trova l'albero, oppure l'erba, il fiore, l'angolo più simile a quello che tu saresti. Senti la sua comunione con il suo mondo: il resto della foresta.

Osservalo attentamente pensando: "Ecco ciò che io sono in un altro mondo".

Poi chiedi a ciò che stai contemplando: "Uniamo i due mondi?".

Respira quindi profondamente immaginando che a ogni inspirazione il mondo della foresta entri in te e che a ogni espirazione tu possa dare tutto il tuo mondo alla foresta. Senti che in questo mescolarsi di energie, sensazioni, volontà tu dai qualcosa alla foresta in cambio di qualcos'altro. Né quello che dai né quello che ricevi è ben definito: è uno scambio di valori. Ciò che è molto vantaggioso e costituisce un obiettivo ambito nel tuo mondo non ha lo stesso valore nella foresta. Lasciando andare i valori mondani e assumendo in te quelli della natura si produce nel tuo corpo e nella tua psiche un profondo rilassamento e la tua coscienza si espande ben oltre i limiti ordinari.

Gli alberi della foresta costituiscono un sistema meraviglioso. Molti alberi insieme creano una barriera capace di mitigare i venti, di impedire ai temporali di penetrare nella foresta, un ecosistema che mitiga gli eccessi di calore e di freddo.Un insieme di molti alberi mantiene il clima locale equilibrato, fa da grande serbatoio d'acqua, conserva l'aria sempre umidificata e preserva il suolo dalla calura estiva. L'ecosistema foresta si basa sulla collaborazione: persino le erbe rampicanti che parassitano e a volte strangolano gli alberi hanno una funzione rigenerante perché gli alberi morti creano humus, terreno fertile per il nascere dei nuovi esemplari. La disposizione degli alberi, lo spazio tra un ramo e l'altro, il sovrapporsi di una radice all'altra, ogni minimo evento nella foresta è guidato da un'intelligenza che unisce ogni singolo esemplare nell'inscindibile coralità.

Entrare in sintonia con questa intelligenza spazza via ogni tua tensione e preoccupazione donandoti uno stato di pace e di ampliamento nel quale ricevi molto sia fisicamente che psicologicamente. Non concentrarti su ciò che ricevi più di quanto tu sia concentrato su ciò che dai. Fai in modo che lo scambio sia equo e proverai una gioia intensa che non si riferisce a nulla in particolare. Quando avverti in te questa gioia, puoi tornare al respiro spontaneo e ringraziare, riprendendo il tuo cammino.

La meditazione è sterile se la si fa solo per se stessi.

Se intendi ripulire la tua mente con la pratica della meditazione, allora devi anche ripulire l'ambiente dove vivi, se vuoi nutrire la tua anima con l'ambrosia di un mantra, allora devi anche nutrire le piante, i fiori e gli animali e le persone con cui entri in relazione con acqua, cibo, buoni pensieri e armoniose emanazioni. Poi non devi dimenticare le creature dei mondi invisibili, le quali si nutrono della sostanza sottile delle cose. I meriti, la pace e la gioia che scaturiscono dalle tue meditazioni e dalle tue cure verso l'ambiente offrili agli spiriti che lo abitano.

Una ricarica di luce zampillante

Presso gli antichi Greci il dio delle foreste, l'anima stessa della foresta era il dio Pan.

Pan è notoriamente associato al Fauno e, come tale, rappresenta lo spirito della natura, ed è legato alla foresta e alle sue creature.

La figura del dio Pan greco ricalca l'eroe vedico Pushan. Nella radice di Pushan vi è il verbo sanscrito *pusyati* che significa "colui che fa prosperare". Pan è anche assimilato a Phanes o Fanes, divinità orfica della procreazione, il cosiddetto "Portatore di luce". Ma il dio delle foreste è divenuto nella nostra civiltà il panico.

Pan, infatti, è l'unico dio a essere morto. Plutarco, storico greco vissuto sotto il dominio romano, racconta nei suoi scritti di questa morte in un celebre passo dal titolo "Il tramonto degli oracoli".

Lo storico narra che, durante una traversata dalla Grecia alle coste dell'Italia, i passeggeri di una nave fenicia sentirono levarsi da una piccola isola una misteriosa voce che ordinò a uno di loro, un certo Tamo: "Quando sarai a Palodes (porto dell'Epiro), annuncia a tutti che il grande Pan è morto".

Tamo, attonito, decise di dare l'annuncio solo se, una volta che la nave fosse arrivata in porto, ci fosse stata calma di vento e di mare.

A Palodes vi fu calma piatta, per cui Tamo, a gran voce, dalla poppa della nave e rivolto verso la terra, diede l'annuncio: "Il grande Pan è morto!". Non fece in tempo a completare la frase che tutti a bordo della nave udirono provenire da terra un lamentoso pianto, non di una ma di molte persone, misto a esclamazioni di stupore.

La morte di Pan segna l'entrata in una civiltà, l'attuale, che non sa più utilizzare l'intelligenza del cuore e il pensiero mitico o immaginale e reprime l'istinto. In queste condizioni Pan diviene il panico.

Le foreste sono luoghi magici dove è possibile riportare Pan in vita, trasformando panico, paure, agitazione, ansie, in forze e risorse positive.

Questo comporta risvegliare il pensiero mitico e l'intelligenza del cuore.

Nella foresta appoggia la tua schiena al tronco di un albero e connettiti alle sue radici, poi, rivolgendoti all'albero, dirigi la tua mente lungo questo sentiero:

Ti conosco da prima della mia nascita, sono felice d'incontrarti ora. Fai parte dei simboli che io stesso ho disseminato, prima di nascere, nella grande immagine della mia vita affinché potessero aiutarmi nel momento opportuno. Se ti incontro proprio ora è perché sono a buon punto sul mio cammino. Ora posso risvegliare il mio istinto e trasformare la mia paura!

Immagina che dalle radici dell'albero emerga dalla terra l'anima stessa della foresta e sentila entrare nell'albero e in te come una fontana zampillante di energia dorata. Rimani appoggiato all'albero a caricarti di questa energia per qualche minuto, tieni la mente libera dai pensieri, unicamente focalizzata sull'immagine dell'energia dorata che zampilla dalla terra e pervade te e l'albero simultaneamente.

L'acqua nella foresta

Se trovi un corso d'acqua, un torrente, una cascata, un laghetto è una grande occasione. Siediti ai bordi dell'acqua per contemplarla. Se ti è possibile senza correre rischi, puoi immergere i tuoi piedi nell'acqua. L'acqua nella foresta è piena d'energia. Respira profondamente cercando di entrare in contatto con l'acqua attraverso tutti i sensi. Se ti è possibile tocca l'acqua con una mano e poi bagnati la fronte in corrispondenza del centro tra le sopracciglia, dove tradizionalmente è collocato il terzo occhio, chiedendo allo spirito guardiano dell'acqua e del luogo di aiutarti ad aprire la tua visione sottile.

Se riesci a tenere i piedi o una mano immersa nell'acqua anche per pochi secondi puoi sentire che l'acqua prende qualcosa di te, qualcosa di molto sottile viene lavato via dal tuo corpo e si mischia con l'acqua. Questa parte di te raggiungerà il cielo per effetto dell'evaporazione dell'acqua e poi ritornerà sulla terra sotto forma di pioggia. Il sentimento, il messaggio che questa parte di te porta con sé si amplificherà, come avviene con il principio di diluizione in omeopatia. Esso incontrerà gli dei nel mondo celeste e raggiungerà il mondo umano espandendosi e propagandosi.

Mentre contempli l'acqua e senti che essa prende una parte di te chiediti cosa vuoi mostrare di te agli dei e cosa vuoi dare di te al mondo. Questa è una meditazione straordinaria. Conosco persone che hanno rivoluzionato la loro vita dopo aver meditato sull'acqua nella foresta e oggi ritengono che quei momenti di meditazione siano stati tra gli attimi più importanti della loro vita poiché hanno permesso loro di lasciare condizionamenti e automatismi e di incominciare una vita più autentica.

Il quinto elemento, le memorie, i sentieri abituali e gli antenati

Se c'è un percorso nella foresta che conosci e sul quale cammini periodicamente ti consiglio di divenire il migliore amico di qualche albero.

Tutti gli alberi sono tuoi amici, ma alcuni possono essere i tuoi migliori amici, sceglili e fai in modo che non siano molti per non ridurre l'intensità dello scambio. Due, tre alberi come migliori amici sono sufficienti. Sceglili sul tuo percorso abituale, se ne hai uno.

È davvero bellissimo poter chiedere all'albero amico come sta, cosa ha sognato o che consigli ha da darti, ma ancora più straordinario è chiedere all'albero amico di parlarti dei tuoi avi.

Gli alberi sono connessi con i nostri antenati. Se hai scelto proprio quell'albero come migliore amico non è stato un caso. Le forme, i colori, gli odori di quell'albero sono connessi alle tue memorie.

Recenti teorie sostengono che le nostre memorie sarebbero registrate esternamente al nostro corpo, in un campo d'energia chiamato campo morfico[13]. Questa teoria è presente nel pensiero indù da molti secoli. Nello yoga,

[13] Rupert Sheldrake, *La presenza del passato*, Crisalide, Spigno Saturnia (LT), 2011.

l'Etere (*akasha* in sanscrito), il quinto elemento, sarebbe l'elemento sul quale si fissano le memorie.

Non incontriamo mai un solo albero per caso. Tutti gli alberi nei quali ci imbattiamo sono lì come antenne delle nostre memorie ataviche. Alcuni lo sono più intensamente di altri; significa che in quel punto dell'etere le nostre memorie sono condensate. Se, grazie alle immersioni nella foresta, svilupperai l'abilità di comunicare con i tuoi avi attraverso gli alberi, potrai sentire che i tuoi alberi migliori amici sono prodotti dalle tue stesse memorie. È la tua necessità di ricordare un determinato antenato che fa sì che tu incontri nella foresta proprio quell'albero. E quell'albero è capace di metterti in comunicazione con il tuo avo.

Gli alberi sono canali di comunicazione con i nostri antenati. Tanto più siamo disponibili a percepire la dimensione spirituale e abbiamo amore per chi non è assente ma è solo invisibile, quanto più ci capita di stare in meravigliosi luoghi di natura.

Le tribù e i popoli animisti vivono nella natura. L'animismo, che rappresenta la forma di spiritualità ancestrale dell'uomo, è incentrato sul culto degli avi e della natura, poiché avi e natura sono due facce della medesima immagine.

Se sei stanco di vivere nel traffico e nello smog della città e sogni una vita nel verde o al mare, dovresti incominciare a percepire l'importanza di sentire vicini a te i tuoi antenati, di pacificarli attraverso l'attenzione cosciente e sentimenti quali l'amore, il perdono, la gratitudine. Gli avi sono natura, la necessità di stare loro vicino ti porta a manifestare paesaggi naturali, ti riavvicina alla natura in modi molto concreti.

Dall'invisibilità i nostri avi continuano a recitare con noi il copione della vita, gli antichi Greci direbbero che sono *daimones*, spiriti guida. La loro presenza è continua ma, quando siamo immersi nella natura, possiamo percepirla più facilmente.

Quando sei nella foresta, chiedi al tuo albero migliore amico di parlarti dell'antenato o antenata a esso collegato. L'albero ti parlerà dell'avo/a come ne portasse lo spirito nel tronco, nelle radici, nei rami, nella linfa. Ogni albero migliore amico è connesso a un avo diverso e ti parla di un avo differente. Se hai qualcosa che vuoi dire ai tuoi familiari e non puoi farlo perché non riesci o perché loro non sono più in un corpo fisico, consegna agli alberi migliori amici il tuo messaggio per loro.

Puoi perdonare, ringraziare, chiedere protezione, sostegno, forza, ispirazione, benedizioni.

Con gli alberi migliori amici hai un legame emotivo che rispecchia il legame di sangue che hai con i tuoi antenati e i tuoi familiari. L'albero migliore amico è quello per cui provi un sentimento di empatia davvero particolare e intenso.

Stando vicino all'albero migliore amico, ascolta attentamente i messaggi dei tuoi avi e custodiscili in te con molto amore.

Come segno di gratitudine puoi costruire ai piedi dell'albero una pila di sassi zen prima di andartene.

Il dialogo con gli antenati nella foresta

Quando incontri un albero verso il quale provi molta empatia, fermati. A volte un piccolo arbusto piegato su se stesso, un tronco molto storto, un albero per metà soffocato da un'erba rampicante, un tronco spezzato verticalmente da un fulmine, ti dicono molto di più di un albero possente e rigoglioso, perché? L'albero richiama in te, in una dimensione molto profonda, a un livello corporeo, emozioni importanti che condividi con i tuoi antenati.

Il bisogno di manifestare quell'emozione ha fatto sì che tu nascessi proprio da quell'utero, in quel clan familiare, appartenessi a quella stirpe e proprio in quel preciso istante incontrassi quell'albero nella foresta. L'emozione si esprime attraverso le immagini, essa è anima.

Nel paradigma ordinario si pensa che gli eventi producano emozioni, ma le emozioni sono anima, spiriti, avi, numi, dei, non una conseguenza degli eventi, bensì la ragione per la quale gli eventi si manifestano. È la necessità dell'anima di esprimersi che fa accadere gli eventi, che fa sì che tu incontri un certo albero. Questa necessità è il bisogno di richiamare la coscienza a lasciare andare le paure, a sciogliere gli attaccamenti e a ritrovare lo stato della non dualità, dell'amore incondizionato.

La tua anima ti sta chiamando al ritorno a casa, a quella condizione di assoluto amore in cui visibile e invisibile, vita e morte, uomo e Dio sono distinti ma non separati, come amanti inscindibilmente uniti, specchi, riflessi uno dell'altro, e l'unica cosa che veramente conta, la sola reale, è proprio la loro relazione. Questa relazione è il darsi incessante uno all'altro, è amore. Trovare questa relazione è il *samadhi* nel Buddhismo, l'unione con il tutto, ed è il risveglio dall'inganno della separazione e della paura.

Quando incontri un albero verso il quale provi molta empatia, fermati e chiediti: "Quale emozione sto provando?". Coltiva l'emozione respirando più profondamente: se respiri di più, senti di più. L'emozione crescerà, s'ingigantirà. A questo punto chiediti: "A quale avo questa emozione mi connette per libera associazione?". Allora senti che in quell'albero c'è lo spirito del tuo avo. E, in effetti, i tuoi antenati e gli alberi che puoi incontrare nella tua vita sono due facce della stessa medaglia, sono diverse manifestazioni delle medesime emozioni. Le emozioni che sperimenti in vita sono importanti, sono chiamate a sciogliere gli attaccamenti, a lasciare andare la paura e a crescere nell'intensità dell'amore. Ognuno sperimenta emozioni diverse perché ciascuno deve sciogliere attaccamenti e paure differenti, cioè ha un particolare karma. Il karma è proprio il complesso di paure e di attaccamenti che devi superare.

Un giorno nella foresta ho visto un albero solo, molto nodoso. Ho ricordato mia zia, la sorella di mia madre alla quale ero molto legata. Non si è mai sposata né ha avuto una famiglia sua, ma ha cresciuto me come una figlia e poi… quello che più ricordo di lei è che era sola. Mi sono appoggiata all'albero e, con sorpresa, ho sentito uscire dal mio corpo una sensazione di rimpianto per non essere stata di più con la zia, per non aver passato più tempo con lei. Non sapevo di avere questa emozione dentro di me e sentivo che l'albero che me la tirava fuori mi stava guarendo profondamente. È stato molto bello!

Poi ho guardato l'albero mentre mi allontanavo da lui camminando e l'ho visto diverso da prima: era fiero e non mi pareva più solitario ma in profonda connessione con il resto della foresta, non più nodoso ma robusto. Ho compreso di aver trasformato la solitudine in forza e ho ringraziato l'albero mentre dagli occhi mi scendevano lacrime di gioia.

La foresta è la pietra filosofale, la sostanza catalizzatrice simbolo dell'alchimia, capace di risanare la corruzione della materia, di trasformare i metalli in oro, di fornire l'elisir di lunga vita e di donare la vera conoscenza.

Gasshō

Gasshō è una parola giapponese che letteralmente significa "mani giunte": si tratta di un mudra, un gesto simbolico, molto usato nel Buddhismo Zen. Esso esprime vari stati. Innanzitutto congiungere le mani simboleggia la riunificazione degli opposti e il raggiungimento dello stato di non dualità, poi è un segno di pace, con le mani giunte non si combatte, un segno di rispetto per ciò che abbiamo davanti e di umiltà.

Ci sono due tipi di *gasshō*: nel primo congiungiamo le mani all'altezza del volto, tenendole a circa un pugno di distanza dal viso, i palmi e le dita delle mani bene uniti tra loro. Questo *gasshō* indica superamento della dualità.

Eseguilo dinanzi alle immagini della foresta nelle quali percepisci un'intensificazione della bellezza: un meraviglioso laghetto dalle acque rese viola dalle alghe, un prato in fiore, un albero stupendo, un cielo limpido tra i rami mossi dal vento…

Esegui il *gasshō* davanti alle immagini più intensamente belle per unirti allo spirito del luogo, dirigendo la tua mente lungo questo sentiero: "Come si uniscono le mie mani, così io mi unisco a te".

Rimani un po' nel *gasshō* osservando la tua compenetrazione con la bellezza. La bellezza è la forma sotto la quale l'amore si manifesta in natura: stai nell'amore, il *gasshō* è un simbolo dell'amore.

Esegui quindi il secondo *gasshō*: abbassa le tue mani e uniscile davanti al torace, all'altezza del cuore, tieni i palmi un po' separati ma congiungi le dita così che le tue mani assumano la forma di un fiore di loto. Questo indica rispetto e umiltà. Rimani per qualche minuto in questo *gasshō* e poniti la seguente domanda: "Come posso esprimere ancora più bellezza e amore nella mia vita?". Non aspettarti alcuna risposta, semplicemente poniti la domanda in modo ripetuto e senti vibrare tra le tue mani giunte tutta la tua volontà di irradiare bellezza e amore.

Infine torna nel primo *gasshō*, con le mani giunte di fronte al viso, e inchinati con un gesto del capo all'immagine che hai di fronte agli occhi, alla bellezza e all'amore.

Lontano è vicino

Nella foresta sieditì, osserva l'albero che hai di fronte e rivolgiti a esso con queste parole: "Arriverà sera e tramonterà il sole e tu sarai qui nel buio, allora mandami un'emozione e io penserò a te". Immagina l'albero nella notte. Quando sarai a casa, dopo che è tramontato il sole, prima di addormentarti, dedica un pensiero all'albero immaginandolo nella foresta di notte.

Poi chiudi gli occhi e immagina luoghi della foresta dove non puoi andare perché non vi è sentiero che vi porti, rivolgiti a questi luoghi con queste parole: "Non potendo raggiungervi vi chiedo: venite a me! Concedetemi le vostre vibrazioni preziose, la vostra forza potente, la vostra volontà armoniosa affinché la missione della mia anima possa trionfare".

La cerimonia del tè nella foresta

Per eseguire questa cerimonia devi portare con te un thermos con del tè e dei chicchi di cereali o dei semi.

Dopo aver camminato per un po' nella foresta trova un luogo adatto e siediti.

Versati del tè e, se sei con altri, versa il tè anche agli altri. Poi offri i chicchi o i semi alla terra, spargendoli intorno a te. Senti che nutri la terra, le sue creature e l'anima stessa della foresta.

Quindi suona il tamburo immaginale, si tratta di uno strumento straordinario che puoi sempre portare con te, esso è fatto con il budello dei tuoi stessi organi; ciascun organo emette un suono diverso quando immaginalmente lo percuoti.

Suona il tamburo immaginale in varie parti del corpo e offri la musica che ne scaturisce alla foresta.

Il ritmo del tamburo è il linguaggio degli spiriti. Il tamburo è ritmo puro, non è necessario che sia un oggetto materiale.

La natura è bellezza e la bellezza ha le sue leggi: non sono leggi etiche, fondate sul senso del bene e del male, come le regole che governano la società umana, sono leggi di ritmo, di armonia.

Il ritmo è la chiave per parlare con gli spiriti della foresta, trova il tuo ritmo interno.

Infine bevi il tuo tè. Se la cerimonia del tè è svolta con molta calma, proverai una sensazione di profonda dolcezza. Questa dolcezza è il regalo che la foresta ti offre, accoglilo, intensificalo, fagli da cassa di risonanza con il tuo stesso corpo e gioiscine.

L'innesto dell'obiettivo con l'aiuto della foresta

Quando hai un obiettivo che non riesci a raggiungere e ti fa male, puoi utilizzare l'immersione nella foresta e il tamburo immaginale per creare l'immagine di ciò che vuoi raggiungere e innestarla nel flusso dinamico dell'armonia universale e anche per pacificare ricordi, emozioni, eventi accaduti, in un tempo lontano o anche solo cinque minuti fa, che sono in contrasto con l'immagine del tuo obiettivo e ne ostacolano il divenire.

Ciò è fatto in questo modo.

Vai nella foresta con un tappetino che puoi stendere a terra. Quando trovi il luogo adatto, sdraiati sulla schiena e osserva il cielo.

Rimani immobile, rilassa profondamente ogni singola parte del tuo corpo. Appena percepisci il corpo morbido e abbandonato, inizia a sentire il suono di un tamburo nei tuoi organi. All'inizio si tratta di "immaginare" il suono, ma con la pratica si può arrivare a udire distintamente il tamburo. Le tue viscere sono il budello stesso con cui il tamburo è fatto e, percosse da una forza invisibile, emettono un suono ritmico, sempre uguale.

Quando il suono del tamburo è sufficientemente chiaro e distinto, mettiti seduto.

Nella posizione seduta, avendo cura di tenere la schiena ben eretta e il mento vicino al torace, fai vibrare la tua testa, muovendola leggermente e velocemente verso destra e sinistra. È importante che il movimento sia minimo e veloce, talmente lieve che dall'esterno appare quasi impercettibile. È come se scuotessi la testa per dire di no, ma lo fai lievemente, velocemente e continuativamente.

Mentre scuoti la testa senti il suono del tamburo nel tuo corpo.

Supponiamo che l'immagine dell'obiettivo che vuoi innestare sia quella di un corpo magro e sano. Contempla l'immagine visionaria di questo tuo corpo e simultaneamente pacifica l'immagine attuale amando il tuo corpo così com'è senza riserve. Chiama a raccolta gli spiriti dei tuoi avi e chiedi loro di aiutarti a mangiare in modo sano ed equilibrato, a fare attività fisica e a coltivare l'immagine di corpo che desideri. Perdona e benedici, reintegrandole pienamente, le immagini del passato che sono in contrasto con l'immagine del tuo obiettivo.

Fai ciò per qualche minuto consecutivo, poi ferma il movimento della testa e rimani immobile nel puro ascolto del suono del tuo tamburo interiore che chiama a te gli spiriti della foresta e comunica con essi. Continua a chiedere la collaborazione degli spiriti della foresta e dei tuoi avi. Il suono del tamburo porterà loro la tua richiesta e a te il loro amore e il loro sostegno. Il tamburo è unione, comunicazione.

Seduci gli spiriti che animano la foresta, incantali e portali a te, così che ti siano vicini e tu possa sempre sentire il loro alito sulla tua pelle e il dolce calore della presenza dell'invisibile al tuo fianco che ti sostiene nella realizzazione del tuo obiettivo.

La pacificazione delle immagini fondamento con l'aiuto della foresta

Nel Buddhismo la nascita e il divenire sono visti come una grande immagine complessa, una sorta di ologramma, un'illusione, un miraggio, chiamato *samsara*, che si produce al fine di richiamarci a sciogliere gli attaccamenti e le paure per ritrovare lo stato dell'amore puro. Ogni singolo evento della vita ha questo significato.

Se gli attaccamenti non sono sciolti prima che la vita abbia fine, le paure non sono vinte e l'amore incondizionato non viene ritrovato, si muore con spavento; questo determina una contrazione, uno spasmo che chiude i sensi sottili. Ciò fa sì che la coscienza (*chitta*) si perda, cadendo nella fossa dell'inconsapevolezza (*chitta maya*). Bisognerà dunque che un'altra chiamata si produca a mezzo dell'immagine di una nuova nascita e di una nuova vita nella quale di nuovo si presenteranno paure e attaccamenti che dovranno essere superati e risolti.

Affinché un'immagine di nascita si produca, è necessaria la manifestazione delle cosiddette "immagini fondamento". Esse sono: madre, padre, fratello maggiore, fratello minore, sorella maggiore, sorella minore, figlio, figlia, compagno, compagna o mancanza delle stesse. Si dice mancanza e non assenza, poiché le immagini fondamento non sono mai assenti, semmai possono essere invisibili.

Delle dieci immagini fondamento le principali sono le prime due, madre e padre, queste, infatti, sono le immagini che la psiche proietta in tutte le relazioni umane. Queste due immagini sono profondamente legate alla natura. Nel Buddhismo sciamanico l'anima è vista come tripartita: esiste un'anima madre, un'anima padre e un'anima della reincarnazione. Al momento della morte l'anima madre prende rifugio nell'osso pubico e qui permane fino a che l'osso non inizia a frantumarsi, allora l'anima madre si congiunge alla natura e a questa si fonde. L'anima padre dopo la morte prende rifugio nelle vertebre cervicali e qui permane fino a che queste non iniziano a frantumarsi, allora l'anima padre prende rifugio in un elemento della natura, un albero o una roccia generalmente, e qui permane fino a che l'anima della reincarnazione non ha compiuto il suo transito dalla morte alla possibilità di una nuova rinascita.

Nel momento della rinascita anima madre, anima padre e anima della reincarnazione si riunificano.

Tutto ciò può spiegare come mai in un'immersione profonda con la natura è molto più facile entrare in relazione e pacificare le due immagini fondamento di madre e padre.

Ciò è fatto nel modo seguente.

Camminando nella foresta immagina:

1) Tua madre da bambina. Osserva i tuoi piedi che si muovono sulla terra e immagina i piedi di tua madre da bambina. Immagina le principali emozioni che tua madre ha provato da bambina e rivivile dentro di te. Poi rivolgiti all'immagine di tua madre bambina con queste parole: "Ti benedico, ti ringrazio, ti amo, ho fede in te!". Quindi immagina:

2) Tua madre durante la sua adolescenza.
3) Tua madre al momento del tuo concepimento e del parto.
4) Tua madre adulta.
5) Tua madre anziana.
6) Tua madre morente.
7) Tuo padre bambino.
8) Tuo padre adolescente.
9) Tuo padre al momento del tuo concepimento e della tua nascita.
10) Tuo padre vecchio.
11) Tuo padre morente.

Vivi le principali emozioni che loro hanno vissuto e pacifica tutte queste immagini ripetendo questa formula psichica: “Ti benedico, ti ringrazio, ti amo, ho fede in te!”.

La foresta amplificherà all’ennesima potenza le tue emozioni e i tuoi sentimenti d’amore aiutandoti a guarire profondamente le tue relazioni con le immagini fondamento, le quali, essendo alla base di tutti i tuoi rapporti umani, una volta pienamente pacificate, ti permetteranno di manifestare una vita colma di pace e di amore.

Seconda parte

OMI: ONE MINUTE IMMERSION

Gli alberi e gli esseri umani: una relazione da riscoprire

In questa parte del libro trovi 30 schede corrispondenti a 30 alberi diversi.

A ogni albero è associato un mito che ne descrive le caratteristiche immaginali, cioè la capacità dell'albero di interagire con le nostre emozioni, con il nostro comportamento e quindi con il nostro destino. Perciò per ogni albero propongo un dialogo immaginale attraverso il quale puoi "raccontarti" all'albero e chiedere allo spirito dell'albero di aiutarti a migliorare un aspetto di te e della tua vita.

Ringrazio vivamente Silvia C. Turrin che mi ha aiutata a redigere le presenti schede.

Auspico che possa instaurarsi una relazione di sempre maggiore collaborazione tra esseri umani e alberi e, più in generale, tra umanità e natura. A questo fine è utile e importante sentire che è possibile comunicare con gli alberi e persino ricevere da loro un aiuto che va di là del mero sfruttamento delle risorse materiali che gli alberi ci offrono. Riscoprire l'anima della natura coincide con il fare ecologia profonda e con l'impegno a salvaguardare la vita sul pianeta.

La potenza di ciò che i Signori della Natura, gli spiriti degli alberi, possono fare per te dipende dalla tua capacità di affidarti a loro. Le 30 schede propongono un'immersione istantanea, infatti sono sufficienti pochi istanti, un minuto per dialogare con lo spirito della pianta. Un minuto per avere grandi benefici, perché il dialogo immaginale con lo spirito di un albero è fonte di grandi gratificazioni e attivazioni. Il solo modo per rendersene conto è sperimentarlo. Credo che tutti possano trovare almeno un minuto da dedicare a un albero o alla sua essenza racchiusa in un infuso, nell'olio essenziale, nelle sue bacche o nella polpa del suo frutto.

È possibile praticare la One Minute Immersion anche a casa: questo la rende la pratica di immersione nella foresta più accessibile e rivoluzionaria. Sicuramente la diffusione della OMI porterà beneficio non solo a chi la esegue ma anche alla relazione generale tra uomo e natura permettendo a uno stile di ecologia profonda di istaurarsi nel nostro mondo con una presenza sempre più permeante.

Praticare la OMI e divulgare la OMI è una delle migliori vie per aiutare noi stessi e simultaneamente la natura. Mi auguro che nei prossimi anni si formino centri e comunità di lavoro e di crescita personale sempre più numerose impegnate a diffondere la OMI.

Se lavori nel campo della formazione, della relazione d'aiuto, della medicina, della psicologia, del *coaching* o del *counselling* potrà esserti di grande aiuto, non solo personale ma anche professionale, immergerti nella pratica della OMI.

Il dialogo immaginale con gli spiriti degli alberi fatto nella OMI è una meditazione sui tuoi problemi, le tue ferite, ti aiuta a risolvere le tue difficoltà, a fare chiarezza e a mettere a fuoco i tuoi obiettivi. La presenza dello spirito dell'albero rende la meditazione un rituale sacro e ne potenzia enormemente l'efficacia. L'illuminazione del Buddha è inscindibile dall'albero della *bodhi*, il fico sacro sotto il quale Siddharta si è risvegliato. Gli spiriti degli alberi sono i soggetti con cui dialogare nell'intimità della meditazione.

Il mito descrive l'essenza profonda degli alberi, ti dà informazione su come essi siano venuti in essere e sulla loro natura animica. Nelle schede che seguono ho scelto di descrivere gli alberi prevalentemente attraverso miti occidentali perché mi rivolgo a un pubblico che ha una tradizione immaginale prevalentemente occidentale. Abbiamo detto più volte nel corso del libro che le cose non esistono di per sé ma unicamente nella relazione con altre cose. Gli alberi e i loro spiriti esistono nella relazione tra uomo e natura; popoli diversi descrivono miti diversi che conferiscono agli alberi uno spirito ben preciso. Per esempio, in Giappone gli individui si cibano tradizionalmente di alghe, in Occidente ciò è più raro e riguarda solo tempi recenti. Ciò significa che le stesse piante non dicono agli uomini le stesse cose negli stessi tempi, cioè lo spirito con il quale si presentano è diverso a seconda del complesso immaginario che distingue la tradizione di un popolo.

La OMI è una meditazione straordinaria che aiuta a vivere in armonia con l'anima della natura e a raggiungere i propri obiettivi in sintonia con la volontà universale. Ci sono sempre almeno due modi, infatti, per figurarsi e perseguire un traguardo: il primo è esercitando un controllo, uno sforzo con la propria mente, il secondo è quello di aprirsi all'intelligenza del cuore che è capace di cooperare con l'universo. Solo attraverso la seconda via si può raggiungere ciò che gli antichi chiamavano "eudaimonia", la felicità, perciò solo sulla seconda via i traguardi possono dirsi ben realizzati, la ricchezza può dirsi vera ricchezza, l'amore vero amore e il successo vero successo.

Per praticare la OMI non è indispensabile essere presso l'albero, anche in presenza dei fiori essiccati lo spirito di una pianta può essere evocato: lo spirito è nell'essenza sottile. Basta l'odore: è sufficiente l'olio essenziale o il decotto di foglie o un rametto per evocare lo spirito dell'albero. Questo fa sì che la OMI possa essere praticata anche in città e la rende davvero una meditazione universale. A questo fine puoi procurarti, quando ne hai occasione, rametti di alcune delle piante che sono elencate nelle 30 schede e creare con questi delle vere e proprie "bacchette magiche".

Per spiegarti cosa sia una "bacchetta magica" e come si possa realizzare, riporto qui di seguito un insegnamento del mio maestro, Michael Williams che copio dagli appunti scritti trent'anni fa direttamente mentre il mio maestro parlava.

MICHAEL: *Una bacchetta magica è un oggetto molto serio e importante, puoi averne molte, ognuna con una funzione diversa.*

SELENE: *Come mi procurerò una bacchetta?*

MICHAEL: *Domani stesso tornerai nella foresta di Habarana e lì troverai un ramo caduto da un albero. Dovrai prima sotterrarlo, ripetendo dentro di te: "Offro la mia bacchetta alla terra!", poi dovrai tenerlo sotto l'acqua corrente o immergerlo nell'acqua del fiume, ripetendo dentro di te: "Offro la mia bacchetta all'acqua!", quindi dovrai passarlo nel fuoco o esporlo al sole in modo che si asciughi, ripetendo dentro di te: "Offro la mia bacchetta al fuoco!", infine dovrai togliere dal ramo delle piccole schegge e gettarle nell'aria, verso l'alto, da dove il ramo caduto proviene, ripetendo dentro di te: "Offro la mia bacchetta all'aria!". Da quel momento in poi il piccolo ramo sarà la tua bacchetta magica; esso ti connetterà alla natura, agli spiriti, agli dei. Custodiscilo in un luogo segreto, inaccessibile ad altri, abbine estrema cura.*

Abete bianco (*Abies alba*)

Sin dai tempi antichi, molti popoli, come i Celti, lo ritenevano albero tutelare capace di offrire protezione dalle forze negative. In Grecia l'abete bianco era sacro a Elatè, la dea della luna nuova. Un'antica leggenda greca narra di Cenis, figlia di Coronide, la principessa dei Lapiti. Il dio dei mari, Poseidone, se ne innamorò follemente. La passione era in lui così forte che un giorno le chiese di esprimere un desiderio, promettendole che l'avrebbe esaudito. Cenis chiese quindi di essere trasformata in un uomo invincibile. Poseidone, nonostante lo stupore, mantenne la parola e la giovane donna divenne il guerriero Ceneo, il quale grazie alle numerose vittorie venne incoronato re dei Lapiti (popolo che abitava nel nord della Tessaglia). La sua fama e i suoi trionfi accrebbero in lui talmente il sentimento d'orgoglio che Ceneo piantò una lancia d'abete nella piazza del mercato: un gesto con cui voleva ottenere sacrifici come se fosse una divinità. Zeus, infuriato da tanta arroganza, ordinò la morte di Ceneo per mano dei centauri; alcuni di loro perirono nell'impresa, mentre gli altri centauri sopravvissuti riuscirono ad adempiere all'ordine di Zeus colpendogli il capo con tronchi di abete. Ceneo morì, ma poco dopo, dal cumulo di tronchi si levò un uccello grigio. Mopso, l'indovino che vide la scena, affermò di aver riconosciuto in quell'animale l'anima di Ceneo. Una versione della leggenda narra che al termine delle cerimonie funebri il corpo del guerriero riprese fattezze femminili.

Parti utilizzate

Le gemme raccolte tra febbraio e marzo, le foglie in primavera, la resina fresca e l'olio resinoso.

Costituenti e proprietà

Contiene tannini, provitamina A, resine, acidi organici. È indicato nel trattamento di tosse, raffreddore e mal di gola grazie alla sua azione balsamica, espettorante e antisettica. È inoltre carminativo, in quanto favorisce l'eliminazione dei gas interni, ed esercita un'azione diuretica e antisettica delle vie urinarie. È altresì utile in caso di mestruazioni dolorose.

Impiego

Il decotto di gemme – da prepararsi con 20 g di gemme fresche o essiccate – è adatto nel trattamento delle affezioni delle vie respiratorie, mentre il decotto di foglie (circa 20 g), da assumere due volte al giorno, è efficace in caso di problemi gastrointestinali, meteorismo e mestruazioni dolorose.

Dialogo immaginale

Se ti senti stanco o demotivato, l'abete bianco può aiutarti a trovare nuova forza, tenacia e mordente nel perseguire i tuoi obiettivi.

Puoi consumare un decotto di gemme o di foglie o, se hai la fortuna di poter raggiungere un albero di abete bianco, puoi rimanere un po' con lui; in ognuna di queste ipotesi, parla allo spirito dell'abete del tuo scoraggiamento, descrivi le tue sensazioni, poi chiedigli di aiutarti a tenere duro, ad avere calma e perseveranza.

Acero (*Acer campestre*)

In autunno alcune specie di acero presentano foglie rosse, colore che per gli antichi aveva un carattere funesto. Per questo nella mitologia greca l'acero era sacro a Fobos, dio della paura, evocato prima delle battaglie. Non a caso, Fobos è figlio di Ares, ovvero quel "dio senza misericordia" che rappresenta lo spirito della guerra. L'acero, a livello simbolico, è l'albero del dio della paura. Tuttavia, se guardiamo ad altre tradizioni e culture, esso è simbolo di modestia, di prudenza e di riservatezza. Più in generale, questo albero coi suoi mutamenti cromatici che volgono alle tonalità ambrate segna il cambio di stagione e l'arrivo dell'autunno. Secondo una leggenda del Sol Levante, gli aristocratici giapponesi attendevano la stagione autunnale per riunirsi sotto gli aceri a cantare, suonare e declamare poesie d'amore, trovando ispirazione nel rosso vermiglio delle foglie. Nel tempo tale usanza popolare si è profondamente consolidata. Oggi questo mito è ancora inalterato e immutato.

Parti utilizzate

Linfa e corteccia.

Costituenti e proprietà

Contiene tannini, fitosteroli, composti fenolici. Ha proprietà rinfrescanti e lenitive per gli eritemi della pelle. È indicato inoltre in caso di disturbi intestinali.

Impiego

Lo sciroppo d'acero, che si ottiene dalla sua linfa, è rimineralizzante e valido contro l'invecchiamento cellulare; aiuta inoltre a eliminare i liquidi in eccesso ed è un eccellente sostituto dello zucchero. Il decotto di corteccia, secondo la medicina popolare, è adatto in caso di pelli fragili e arrossate: lo si utilizza nelle applicazioni locali e nei bagni. Il decotto di corteccia (circa 20-30 g di corteccia essiccata) è adatto nel trattamento di dissenteria o meteorismo.

Dialogo immaginale

L'acero può fornire un aiuto stupefacente allo sviluppo della creatività, sciogliendo le insicurezze che impediscono di esprimersi liberamente.

Consumando lo sciroppo, il decotto, o nei pressi di un albero di acero puoi confidare allo spirito dell'acero il tuo bisogno di essere creativo e puoi chiedergli aiuto per essere più inventivo nella realizzazione dei tuoi progetti.

Agave (Agave americana)

È tipica dei paesi tropicali. Ne esistono differenti varietà. Venne introdotta in Europa nel XVII secolo. La sua denominazione si collega alla storia delle Baccanti.

Agave, figlia di Cadmo fondatore di Tebe, sorella di Semele, amante di Zeus, era devota a Dioniso. Questa divinità chiedeva alle proprie adepte di abbandonarsi a lui in una sorta di mistico delirio. Penteo, figlio di Agave, quando divenne re di Tebe volle proibire il culto di Dioniso, perché ritenuto troppo folle e sregolato. Per vendetta Dioniso spinse Penteo a spiare la madre e le zie mentre celebravano i riti bacchici. Le donne lo scoprirono, ma non si accorsero di chi egli realmente fosse e lo uccisero facendolo a pezzi. La prima a colpirlo fu la madre, Agave.

Parti utilizzate

Le foglie fresche ed essiccate.

Costituenti e proprietà

Contiene olio volatile, gomma d'agave, acido floionolico, acido ossalico, pectine, resine, acidi organici. Le foglie hanno proprietà diuretiche e depurative, utili in caso di ritenzione di liquidi; svolgono anche un'azione antinfiammatoria e calmante in presenza di irritazioni e infiammazioni gastrointestinali, flatulenza e stipsi.

Impiego

L'infuso (40 g di foglie) è indicato nel trattamento di disturbi digestivi e gastrointestinali. Il decotto di foglie o di radice è ottimo per depurare il sangue e per eliminare tossine accumulate nell'organismo.

Dialogo immaginale

L'agave è efficace contro i pensieri ossessivi. Mentre consumi l'infuso di foglie o in presenza di un albero di agave, puoi chiedere aiuto al fine di rendere la tua mente meno pesante, i tuoi pensieri più leggeri così da avere una maggiore serenità.

Albicocco (*Prunus armeniaca*)

Questo albero, di media statura, è originario della Cina, ma una delle più note leggende a esso associate è ambientata in Armenia. Qui, in un tempo molto remoto, scoppiò una terribile guerra. Il paese fu invaso da truppe nemiche intenzionate a procurarsi legna: per questo intendevano tagliare tutti gli alberi che non producevano frutti. Siccome a quell'epoca l'albicocco era considerato solo pianta ornamentale, i militari volevano abbatterne tutti gli esemplari. Questa sorte doveva subirla anche un giovane albero messo a dimora nel giardino di una giovane fanciulla. Essendo molto affezionata a esso, la ragazza non voleva vederlo abbattere e per tutta la notte, prima dell'arrivo dei militari, pianse sulla corteccia dell'albicocco. L'indomani, quando giunsero i soldati pronti per tagliare il giovane esemplare, videro che l'alberello era carico di bellissimi frutti dorati. Le lacrime della fanciulla vennero trasformate in dolci e gustose albicocche e così la specie *Prunus armeniaca* fu salvata dalle asce dei militari.

Parti utilizzate

Il frutto maturo e il nocciolo.

Costituenti e proprietà

I frutti sono ricchi di vitamine (A, B1, B2, B5 e PP),

oligoelementi, carotenoidi, sali minerali (tra cui potassio, ferro, magnesio), proteine, acqua. Ha un alto valore nutritivo ed energetico, per questo è utile in caso di astenia e affaticamento. Svolge un'azione digestiva e astringente. Per uso esterno la polpa d'albicocca è ottima nella cura della pelle.

Impiego

Il miglior modo di assimilare le sue virtù medicinali è quello di mangiare il frutto maturo fresco. Il nocciolo dell'albicocca è utilizzato per realizzare un olio vegetale di facile assorbimento, eccellente per massaggi, in quanto ha un'azione emolliente e nutriente a livello di epidermide.

Dialogo immaginale

L'albicocco dona dolcezza e bellezza. Massaggiati con l'olio o gusta il frutto o ancora, se puoi raggiungere un albero, stai in sua presenza chiedendo di poter essere più intensamente dolce e affascinante nella voce, nelle parole e nei modi. Esprimi anche tutte quelle che tu pensi siano le tue difficoltà nell'essere o nel sentirti dolce e affascinante. Lo spirito dell'albicocco si prenderà cura di te, della tua dolcezza e della tua possibilità di piacere ed effondere bellezza.

Banano (*Musa acuminata – Musa balbisiana*)

Questa pianta erbacea gigante, perenne e sempreverde, trae il suo nome dal medico di Ottaviano Augusto, Antonius Musa, che ne utilizzava i frutti a scopo curativo.

Il frutto del banano è legato a un mito indonesiano citato anche da Mircea Eliade per spiegare la mortalità degli esseri umani. La storia narra di un tempo antico in cui il cielo era molto più vicino alla terra e il Creatore, grazie a una fune, calava dall'alto i suoi doni agli uomini. Un giorno calò una pietra, ma gli antenati, non sapendo come utilizzarla, reclamarono qualcosa di diverso e di più utile. Allora Egli calò una banana e gli uomini la mangiarono con avidità, mentre il Creatore pronunciò loro questo verdetto: "Poiché avete scelto questo frutto, la vostra vita sarà come quella della pianta che lo produce. Il fusto progenitore del banano muore quando ha dei discendenti; così anche voi morrete e i vostri figli prenderanno il vostro posto. Se aveste scelto la pietra, la vostra vita sarebbe stata come la vita della pietra, immutabile e immortale".

Parti utilizzate
I frutti.

Costituenti e proprietà

Il frutto è ricco di vitamine (A, B, C, E), sali minerali, tra cui ferro, fosforo, potassio e zuccheri. Ha un alto potere nutritivo e calorico, consigliato in caso di stanchezza, convalescenza e affaticamento mentale. Svolge un'efficace azione antiemorragica e antinfiammatoria ed è utile in caso di coliti. Ha inoltre proprietà cicatrizzanti e antinfiammatorie.

Impiego

Il miglior modo per assorbire tutte le proprietà benefiche del frutto è quello di mangiarlo quando è maturo. Quando la polpa risulta troppo molle non la si butta, ma la si può utilizzare sulla pelle come impacco o maschera sfruttando le sue virtù cicatrizzanti e antinfiammatorie in caso di foruncoli, piccole ferite, piccole ustioni e tagli non profondi.

Dialogo immaginale

Ha un effetto dilatante e raffreddante sul corpo e un effetto calmante sulla mente, aiuta a rilassare le ansie profonde che hanno a che vedere con il rapporto con la morte.

Chiedi allo spirito dell'albero un aiuto per sciogliere le tue paure inconsce, mentre gusti la polpa matura e morbida del frutto o in presenza dell'albero stesso.

Betulla (*Betula alba*)

Le sue origini risalgono a più di trenta milioni di anni fa e sin dall'antichità la betulla è avvolta da un alone ben augurale e purificatorio. È un albero particolarmente importante nella tradizione celtica e, più in generale, presso i popoli nordici, poiché simboleggia la rinascita dopo il letargo invernale ed è altresì indicatrice del tempo, tanto da essere ancora usata come sorta di calendario naturale. La rinascita e la purificazione la vediamo nel suo spontaneo "cambio di pelle", quando la parte esterna della corteccia, ovvero gli strati in superficie della scorza, si distaccano dal tronco. Questo processo per gli antichi popoli del Nord rappresentava appunto un processo di rinnovamento, di rinascita.

Parti utilizzate

Foglie, corteccia, gemme, linfa.

Costituenti e proprietà

Possiede proprietà diuretiche, depurative e antinfiammatorie; contrasta l'eccesso di colesterolo; è inoltre antisettica e astringente; facilita la digestione. Contiene acidi fenoli, olio essenziale, tannini, resine, acido ascorbico, triterpeni derivati del lupano, acido oleanolico. L'olio essenziale di betulla ha come componente principale il betulenolo.

Impiego

La linfa di betulla viene utilizzata nel trattamento della cellulite. La tintura e l'infuso delle foglie sono indicati in caso di artrosi, reumatismi e cistiti. Il decotto della corteccia è un rimedio complementare per equilibrare il colesterolo. Per uso esterno, il decotto di corteccia mescolato a olio d'oliva lo si può impiegare per frizionare il cuoio capelluto durante i cambi di stagione. L'olio essenziale di betulla, se sconsigliato per uso interno, è invece valido per massaggiare muscoli e articolazioni doloranti: se ne utilizzano poche gocce che si aggiungono all'olio di mandorle dolci o di calendula. Il massaggio con questa miscela è indicata anche per stimolare la circolazione.

Dialogo immaginale

La betulla sostiene il cambiamento.

Utilizzando tintura, decotto, olio essenziale, infuso o in presenza dell'albero stesso, parla allo spirito della betulla delle tue situazioni d'impasse e chiedigli di aiutarti a cambiare: interrompere una relazione dalla quale non riesci a uscire o lasciare un lavoro che non ti gratifica, per esempio.

Cannella (*Cinnamomum zeylanicum*)

Conosciuto sin dai tempi antichi come fonte di una delle spezie più rare e preziose, quest'albero sempreverde, appartenente alla famiglia delle Lauracee, è caratterizzato da diverse varietà: quella più pregiata è la *Cinnamomum zeylanicum*. Originaria dello Sri Lanka, la cannella era ben nota a Greci e Romani. Dalla corteccia della pianta si ricava questa spezia molto aromatica.

Secondo un antico mito, diffuso anche da Aristotele, la mitica Fenice utilizzava la pianta di cinnamomo (*Cinnamomum*) come rifugio per formare il suo nido e per prepararsi a morire e a rinascere. Nell'accogliere quest'uccello mitologico la pianta sviluppa benefiche qualità terapeutiche. Secondo un'altra versione, giunta tramite *Le metamorfosi* di Ovidio, la Fenice, quando ha compiuto cinque secoli della sua vita, si costruisce un nido sui rami del leccio utilizzando cassia, spighe di nardo, cannella sminuzzata e bionda mirra e, dopo aver terminato il suo rifugio, il mitico uccello è pronto per morire e poi rinascere.

Parti utilizzate

La corteccia dei rami del *Cinnamomum zeylanicum* e le foglie.

Costituenti e proprietà

Dalla corteccia e dalle foglie si estrae l'olio essenziale, i cui componenti principali sono l'eugenolo, l'aldeide cinnamica, il linalolo. La cannella ha proprietà aromatizzanti, stimolanti, antisettiche, antispasmodiche, astringenti, carminative, digestive, febbrifughe. È utile in caso di raffreddore, stati influenzali, disturbi digestivi. È ricca di antiossidanti.

Impiego

L'infuso di cannella (preparato con i bastoncini e non con la cannella in polvere) è adatto nel trattamento di disturbi digestivi e stati influenzali; è altresì utile, non caldo, come colluttorio per problemi gengivali o infiammazioni interne alla bocca. L'olio essenziale, utilizzato nel diffusore, apre i sensi, stimola la creatività e sviluppa un'atmosfera piacevole.

Dialogo immaginale

Lo spirito della cannella ci fornisce un aiuto straordinario nel grande compito alchemico e spirituale di trasformazione dei nostri problemi nelle nostre più grandi opportunità.

Bevi un infuso o sfrega un bastoncino tra le mani o usa l'olio essenziale parlando allo spirito della pianta del problema che intendi trasformare in opportunità e chiedi aiuto a questo fine.

Cedro (*Citrus medica – Cedrus Libani – Cedrus atlantica*)

Usato già dagli antichi Egizi per l'imbalsamazione, questo grande albero maestoso è da sempre simbolo di stabilità e saggezza. Non a caso, nelle foreste del Libano si trova un luogo, celebre da secoli, dove ci si reca per rinvigorirsi e trovare pace. Una leggenda della mitologia egiziana narra che Osiride, dopo la sua morte, era stato deposto in un sarcofago costruito con legno di cedro.

Simbolo di forza e d'immortalità, il cedro viene citato anche in vari racconti biblici. Per esempio, grazie a Chiram (o Hiram), sovrano del Libano, il re Salomone ottenne tanto legno di cedro da riuscire a costruire, all'interno del tempio di Gerusalemme, un soffitto con travi e tavole. Anche l'altare venne realizzato utilizzando questo tipo di legno.

Parti utilizzate

Frutto fresco e scorza.

Costituenti e proprietà

È calmante, tonico, antisettico e rigenerante arterioso. Svolge un'azione sedativa in caso d'insonnia e ansia. Contiene olio essenziale, un glucoside denominato esperidina, carotene, vitamina A e vitamina C, acidi organici e sali minerali. Nell'olio essenziale, tra i componenti principali troviamo: cadinene, curcumene, atlantone.

Impiego

La sua funzione calmante si esplica attraverso l'infuso preparato con circa 200 g di scorza ben pulita e spezzettata. L'olio essenziale (2-3 gocce) aggiunto all'olio di mandorle dolci è indicato per massaggi al cuoio capelluto in caso di capelli grassi.

Dialogo immaginale

Il cedro è simbolo della facoltà di psicopompia, della capacità di essere in relazione con l'invisibile, di rimanere consapevoli sia al di qua sia al di là della grande soglia e aiuta a rimanere stabili nei propositi, a rinnovare le offerte e le promesse. Se hai preso una decisione e hai paura che qualcosa o qualcuno possa farti deviare dal tuo proposito, tieni con te un rametto di cedro oppure fai uso dell'olio essenziale o anche dell'infuso, dirigendo la tua mente lungo questo sentiero: "Aiutami, maestro, a essere stabile nel mio cammino, così da raggiungere i miei obiettivi!".

Ciliegio (*Prunus avium*)

Questo albero, simile al *Prunus cerasus* (il ciliegio visciolo) che produce amarene, è associato al periodo dell'Avvento e in particolare alla festa di Santa Barbara, che si celebra il 4 dicembre.

Secondo una leggenda, un ramo di ciliegio s'impigliò nella lunga veste della bella e giovane Barbara, non ancora santa, proprio nel momento in cui il padre, Dioscuro, la rinchiudeva nella torre perché, geloso e possessivo, voleva proteggere la figlia dagli sguardi indiscreti degli ammiratori. La fanciulla immerse il ramo in una brocca piena d'acqua ed esso diventò per lei un segno di speranza.

Il ciliegio è diventato simbolo dell'amore puro e sincero, capace di spezzare le catene della prigionia, nonostante le ingiustizie e le prevaricazioni. Barbara divenne santa perché rimase fedele a se stessa, ai suoi principi e al suo credo. Proprio perché non voleva abiurare la sua fede cristiana, fu decapitata per mano dello stesso padre, il quale, dopo aver compiuto l'atroce atto, venne subito fulminato.

Parti utilizzate

I peduncoli dei frutti raccolti in estate e fatti essiccare all'ombra, i frutti e la corteccia.

Costituenti e proprietà

Contiene acido tannico, sali di potassio, flavonoidi, polifenoli. Il frutto è ricco di vitamine A, B1, B2 e C, tannini, acidi organici e sali minerali tra cui potassio, magnesio, ferro, sodio, calcio, fosforo. Ha proprietà diuretiche, lassative, toniche, rinfrescanti e astringenti, mentre la corteccia svolge un'azione febbrifuga.

Impiego

Il decotto dei peduncoli è utile nel trattamento di calcolosi e artrite; per uso esterno, è indicato nel caso di pelli irritate o screpolate. Il frutto fresco è ottimo per depurare l'organismo e nei casi di affaticamento.

Dialogo immaginale

Mangiare ciliegie o tenere in casa rami di ciliegio è un modo per coltivare la propria capacità d'amare. Se hai problemi di relazione che vorresti risolvere, parlane al ciliegio. Puoi procurarti un rametto di ciliegio e portarlo a casa o puoi gustare i frutti buonissimi di quest'albero mentre porti avanti il tuo dialogo immaginale, oppure puoi stare nei pressi di un albero di ciliegio. Chiedi allo spirito della pianta di darti la forza di amare incondizionatamente e di portarti al di là del piano del mero giudizio mentale, al di là del bene e del male, per superare le tue difficoltà di relazione.

Cipresso (*Cupressus sempervirens*)

Questo albero dalla forma slanciata è associato, come ci perviene dal racconto di Ovidio, al mito di Ciparisso, un giovane di bell'aspetto prediletto di Apollo. A Ciparisso fu dato in custodia un grande cervo dalle corna d'oro. L'animale amava farsi accarezzare da tutti. Un giorno il cervo, stremato dal caldo, si distese sull'erba. Ciparisso inavvertitamente lo trafisse con un giavellotto. Il giovane, disperato e preso dallo sconforto per aver ucciso una creatura alla quale si era affezionato tantissimo, chiese agli dei di divenire immortale per poter piangere per sempre la morte del cervo amico. Apollo, impietositosi, lo trasformò in cipresso. L'albero divenne così simbolo di lutto eterno e di dolore perenne.

Parti utilizzate

Le fronde.

Costituenti e proprietà

Dal cipresso si estrae un olio essenziale dalle proprietà balsamiche, espettoranti, utili in caso di affezioni alle vie respiratorie. Ha proprietà antinfiammatorie, astringenti, antisettiche, toniche, tossifughe. Suoi componenti principali sono il silvestrene, il pinene, il sabinolo e il cimene.

Impiego

Alcune gocce di essenza (5-6 gocce) sono indicate per inalazioni o suffumigi in caso di raffreddore, tosse. Come antisettico l'olio essenziale è utile per effettuare pediluvi.

Dialogo immaginale

Annusare l'olio essenziale di cipresso o stare in presenza di un cipresso può metterci fortemente in relazione con i nostri antenati. Il cipresso è l'albero degli avi, dei morti, i quali non sono assenti ma sono solo invisibili. Puoi parlare al cipresso di un trauma occorso alla tua genia, se ne sei a conoscenza, e chiedere allo spirito dell'albero di aiutarti a guarire il passato. Infatti il passato non è immutabile, può essere riscattato. Chiedi allo spirito del cipresso di aiutarti a confortare un avo che sai essere morto con dolore o rabbia e a sollevarti da eventuali obblighi di compensazione del destino dei tuoi avi che tu puoi portare più o meno inconsapevolmente con te.

Corbezzolo (*Arbutus unedo*)

Quest'arbusto sempreverde era conosciuto e popolare tra i Greci e i Romani per le inconfondibili bacche rosse e arancioni. Presso i Romani il corbezzolo era dedicato a Cardea, dea della salute e delle soglie, sorella di Apollo, amica di Giano. Cardea secondo la mitologia romana possedeva doti taumaturgiche che si riflettono nell'uso che essa fa del corbezzolo: infatti, con la frusta realizzata dal legno dell'arbusto riusciva a scacciare streghe e a proteggere e a guarire i bambini. Cardea era inoltre la dea del principio e della fine, della nascita e della morte. A lei era consacrato anche il biancospino.

Parti utilizzate

Foglie, frutti, corteccia e radici.

Costituenti e proprietà

Contiene principalmente tannini, glucoside arbutoside, l'enzima arbutasi, resine. Svolge un'azione antinfiammatoria, antisettica, astringente, depurativa e diuretica. È indicato nella cura e nel trattamento delle affezioni biliari e del fegato. È usato anche nei casi di arteriosclerosi.

Impiego

Il decotto di foglie (40 g di foglie essiccate) è adatto nel trattamento di infiammazioni generali delle vie urinarie e degli organi dell'apparato genito-urinario, e in caso di disturbi al fegato e alle vie biliari. Il decotto è usato inoltre come colluttorio in presenza di gengiviti e mal di gola. Il decotto di radice è adoperato in caso di arteriosclerosi. L'infuso di foglie (25 g di foglie) si può usare in caso di infiammazioni dell'intestino. I frutti servono per preparare marmellate, canditi e bevande.

Dialogo immaginale

Al corbezzolo puoi parlare dei tuoi problemi di salute, anche delle tue paure riguardo a essa. Puoi intrattenere il dialogo immaginale mentre gusti il decotto oppure in presenza dell'arbusto. In ogni caso chiedi allo spirito aiuto per la tua guarigione.

Faggio (*Fagus sylvatica*)

Quest'albero maestoso, denominato anche "custode della conoscenza", è da sempre considerato pianta benaugurale. Attorno a esso ruotano varie leggende. Fra queste ne troviamo una del rietino (Lazio), secondo la quale san Francesco, mentre percorreva il territorio di Rivodutri, venne sorpreso da un forte temporale e per ripararsi trovò rifugio sotto a un grande faggio. La pioggia era talmente forte che l'albero allargò e piegò i suoi rami in modo da proteggere il santo.

Un'altra leggenda, originaria della Francia, racconta di un contadino che, in una notte buia, udì voci umane provenire da due faggi; quando si avvicinò a essi, capì che le voci erano quelle dei suoi poveri genitori defunti, che si lamentavano per il freddo. Non potendo fare niente per loro, dialogò con quelle voci, che gli rivelarono la loro colpa. Stavano scontando una pena per essere stati troppo avari in vita. I genitori defunti misero così in guardia il figlio, facendogli capire l'importanza della carità e dell'altruismo.

Parti utilizzate

La corteccia, le gemme, le foglie e i semi.

Costituenti e proprietà

Il faggio è ricco di sali minerali (tra cui calcio e potassio), tannini, flavonoidi. Ha proprietà febbrifughe e astringenti. È adatto per le vie respiratorie in quanto esplica un'azione antisettica, balsamica e antinfiammatoria. Inoltre aumenta la diuresi e stimola le difese immunitarie. Le gemme di faggio sono indicate per regolarizzare i livelli di colesterolo.

Impiego

Il decotto di corteccia aiuta a stimolare l'appetito. Le gemme sono utilizzate per la preparazione del macerato glicerinato utile in caso di ritenzione idrica e cellulite; è altresì utile nel trattamento di riduzione del colesterolo totale. Le foglie, poste in infusione, esplicano una funzione balsamica alle vie respiratorie.

Dialogo immaginale

Il dialogo immaginale che puoi intrattenere con lo spirito dell'albero quando consumi decotto di corteccia di faggio o sei in presenza della pianta è il medesimo che riguarda il cipresso. Anche lo spirito del faggio è una porta di comunicazione privilegiata con gli antenati e può aiutarti ad aiutarli. Parla dei problemi che tua madre, tuo padre o altri tuoi avi hanno avuto, in base a ciò che tu sai, e chiedi allo spirito della pianta di sciogliere i nodi della sofferenza transgenerazionale legati a questi problemi, aiutandoti a sollevarti da ogni obbligo di compensazione del destino dei tuoi antenati.

Fico (*Ficus – Ficus religiosa – Ficus benjamina*)

Quest'albero, che presenta numerose varietà, è da millenni simbolo di fecondità ed è sacro a molte civiltà. Nell'Antico Egitto, il fico era associato alla dea del cielo, Nut, fonte di luce e di rigenerazione; era inoltre l'albero rifugio di Hathor, dea della gioia, della bellezza e della maternità. Anche i Romani lo veneravano come dimostrano alcune leggende, una delle quali racconta che la cesta che proteggeva Romolo e Remo venne salvata dal flusso delle acque proprio da un tronco del *Ficus Ruminalis*. I due gemelli, figli di Rea Silva, furono poi allattati dalla lupa che aveva mangiato i frutti del fico caduti a terra. Il fico è sacro anche per gli induisti, tanto che differenti varietà sono associate a diverse divinità: il pipal (*Ficus religiosa*) è legato a Vishnu; il *Ficus benghalensis* è l'albero della dea del Sole, sposa di Brahma, mentre il *Ficus benjamina* è associato a Ganesh. Per i buddhisti il fico è simbolo di conoscenza e verità, poiché il Buddha raggiunse l'Illuminazione sotto la forza protettrice dei suoi rami.

Parti utilizzate

Frutti, foglie e gemme dei giovani rami.

Costituenti e proprietà

Contiene fibre, mucillagini, proteasi, zuccheri, amminoacidi, acidi organici, vitamine (A, B, B2, PP, C) e minerali (tra cui ferro, calcio, cromo e magnesio). È indicato in caso di astenie fisiche e nervose; la sua azione lassativa lo rende utile per contrastare la stipsi. Ha inoltre proprietà emollienti utili nel trattamento della tosse.

Impiego

Il decotto di fichi maturi (circa 100 g) è adatto nel trattamento di stati febbrili, raffreddore, tosse; è efficace anche in caso di affaticamento. Il macerato glicerico del *Ficus carica* è impiegato in caso di disturbi gastrointestinali, in quanto riduce l'eccessiva secrezione acida; svolge inoltre un'azione calmante anche a livello psicofisico.

Dialogo immaginale

Mentre consumi il decotto o sei in presenza dell'albero puoi dialogare con lo spirito della pianta parlando e facendo chiarezza riguardo ai tuoi problemi con il denaro e l'abbondanza. Puoi anche chiedere allo spirito dell'albero di aiutarti a essere sempre più fertile e produttivo e ad attrarre abbondanza che userai a beneficio di tutte le creature senzienti.

Frassino (*Fraxinus excelsior*)

Detto anche "china europea", questo albero nella mitologia greca è sacro a Poseidone; è inoltre dimora delle Ninfe Meliadi, considerate proprio le Ninfe del frassino, nate dal sangue di Urano caduto su Gea. Con il suo legno fu costruita l'arma con cui Achille uccise Ettore. Simbolo di forza e virilità, in quanto il suo legno è molto resistente, era sacro agli antichi popoli del Nord.

Secondo il mito vichingo, Odino scolpì il primo uomo dal legno del frassino. Per i Celti era simbolo di rinascita, capace di operare guarigioni miracolose.

Parti utilizzate

Foglie, semi, linfa, corteccia.

Costituenti e proprietà

Contiene glucosidi, vitamine C e P, acidi fenoli, cumarine, acido ursolico, tannini, resina, sali minerali. Ha proprietà astringenti, diuretiche, lassative, antinfiammatorie. È indicato in caso di stipsi, dolori articolari, ritenzione idrica, cellulite.

Impiego

L'infuso e il decotto di foglie sono efficaci nel trattamento di stipsi, ritenzione idrica. Il decotto di corteccia

(30-40 g) è tonico e febbrifugo. In caso di pelle grassa si utilizza il decotto o l'infuso per lavare il viso.

Dialogo immaginale

Se la tua mente si sente minacciata da nemici preparati un decotto di foglie di frassino. Quando ti trovi in presenza di quest'albero e mentre gusti un decotto di foglie di frassino benedici i tuoi nemici. Nel Buddhismo è conosciuto un mantra con cui puoi fare ciò; è il seguente: *Sabbe Satta Sukhi Hontu.*

Questo mantra è tradotto in questo modo: "Possano tutti gli esseri essere felici!".

Incenso (*Boswellia thurifera – Boswellia carterii*)

Sin dai tempi antichi, varie civiltà utilizzavano resine aromatiche per scopi curativi, per purificare gli ambienti e per fini devozionali e rituali. Dalle piante del genere Boswellia, originarie dello Yemen e della Somalia, poi coltivate anche in Arabia e India, si estrae l'incenso mediante incisione della cortcccia. L'incenso è associato alla leggenda di Leucotoe, figlia del sovrano di Persia, la quale s'innamorò del dio Apollo. Per interrompere questo legame impossibile, essendo la giovane mortale a differenza dell'imperituro Apollo, il padre di Leucotoe sotterrò viva la figlia. Il dio Sole per rianimarla cercò di scaldarla con i suoi raggi, ma senza alcun risultato; allora, nel luogo esatto in cui si trovava il corpo dell'amata, Apollo cosparse gocce di nettare divino dichiarando che la giovane sarebbe salita al cielo, e in quel preciso punto nacque il primo albero d'incenso. L'aroma che da esso sprigiona lega la terra al cielo, come testimoniano le numerose usanze religiose e rituali.

Parti utilizzate

La resina oleo-gommosa che si estrae dalla pianta.

Costituenti e proprietà

La frazione gommosa contiene polisaccaridi, mentre quella resinosa presenta una miscela di acidi boswellici. Tra gli elementi dell'olio essenziale troviamo pinene, limonene, mircene e terpinene. I grani dell'incenso e l'olio essenziale hanno proprietà espettoranti, antisettiche, antidepressive, antinfiammatorie e tonificanti. È utile in caso di raffreddore, stati influenzali e di torpore.

Impiego

L'incenso si può utilizzare o in forma di grani o sotto forma di olio essenziale. In entrambi i casi è impiegato come diffusore per purificare l'ambiente. Alcune gocce di olio essenziale (da mettere nel brucia-essenze) sono utili in caso di stati influenzali e per problemi di ansia.

Dialogo immaginale

È una buona cosa tenere in casa una piantina d'incenso. L'incenso, come la mirra, elencata nella scheda successiva, è in grado di curare i problemi nelle relazioni passionali e affettive. In mancanza della pianta puoi utilizzare i grani d'incenso o annusare olio essenziale per metterti in comunicazione con lo spirito della pianta. Parla allo spirito dei tuoi problemi di relazione e chiedi aiuto. Anche utilizzare l'olio essenziale come profumo può essere utile.

Mirra (*Commiphora molmol*)

Quest'arbusto, appartenente alla famiglia delle Burseracee, è noto sin dai tempi antichi per la sua gommaresina estratta dalla corteccia. Per gli Egizi era uno dei preziosi ingredienti per l'imbalsamazione, mentre i Greci la utilizzavano per la preparazione di profumi, balsami e unguenti. Nella mitologia greca Mirra è figlia di Cinira, re di Cipro. La giovane – per volere della dea Afrodite gelosa della sua bellezza – s'innamorò del padre e grazie all'aiuto della vecchia nutrice, riuscì a organizzare un incontro d'amore. Ciò fu possibile perché la madre della ragazza aveva fatto un voto di castità in occasione dei festeggiamenti in onore di Demetra, dea del grano. La nutrice, allora, propose a Cinira di accoppiarsi con una giovane vergine, la quale però non voleva mostrarsi. Così Mirra si unì per più volte al padre e rimase incinta. Una notte Cinira riuscì a scorgere il volto dell'amante e vide che altri non era che la figlia. Adiratosi per l'imbroglio, Cinira cercò di uccidere Mirra inseguendola con una spada. La fanciulla disperata e in lacrime chiese aiuto agli dei. Fu ascoltata da Afrodite che la trasformò in un albero da cui esce una resina chiamata appunto mirra. Dopo nove mesi, dalla corteccia dell'albero nacque Adone, frutto di questo amore incestuoso, che venne salvato da morte certa da Afrodite, ovvero colei che aveva dato inizio al dramma di Mirra.

Parti utilizzate

Si utilizza la resina oleo-gommosa che si estrae dalla corteccia dei fusti.

Costituenti e proprietà

La resina oleo-gommosa è composta prevalentemente da acidi commiforici; l'olio essenziale è ricco di eugenolo, erabolene, limonene, pinene. L'essenza di mirra è utile in caso di tosse e raffreddore. Tramite risciacqui è usata anche nel trattamento di gengiviti, afte e mal di gola. Ha proprietà antimicotiche, disinfettanti, cicatrizzanti, antidepressive, balsamiche, antinfiammatorie, carminative.

Impiego

L'olio essenziale di mirra è indicato per suffumigi (10 gocce), per bagni balsamici e per collutori (5 gocce in mezzo bicchiere d'acqua tiepida).

Dialogo immaginale

Anche lo spirito della mirra come l'incenso è ideale per meditare e fare chiarezza sui problemi sentimentali.

Mirto (*Myrtus communis*)

Quest'arbusto sempreverde era simbolo d'amore e di bellezza per gli antichi Greci e Romani, che lo utilizzavano anche in occasione delle feste nuziali. Attorno al mirto ruotano diverse storie e leggende. Nella mitologia greca si narra che Afrodite, uscita senza vesti dal mare, venne inseguita dai satiri (compagni di Dioniso o di Pan, e figure mitologiche maschili che abitano boschi e montagne, personificazione della fertilità e della forza della natura) e trovò rifugio in un bosco di mirti. Questa pianta è, infatti, simbolo della dea dell'amore e della bellezza, tanto che la ghirlanda intrecciata del mirto fiorito rappresenta Afrodite stessa, la cui presenza si percepisce attraverso il profumo dei fiori.

Parti utilizzate

Le foglie fresche o essiccate, frutti, fiori.

Costituenti e proprietà

Contiene tannino, resina, acidi (citrico, malico), vitamina C, olio essenziale. Ha proprietà antisettiche, astringenti, balsamiche e tossifughe. Tra i componenti principali dell'olio essenziale vi sono: cineolo, mirtenolo, pinene, geraniolo. Il mirto è indicato nel trattamento di disturbi all'apparato respiratorio, in presenza di raffreddore, sinusite, tosse.

Impiego

L'olio essenziale (10-15 gocce) è utile per effettuare suffumigi in caso di affezioni alle vie respiratorie, e può essere usato come colluttorio per gargarismi (8 gocce in un bicchiere d'acqua). Il decotto (20 g di foglie) è efficace nel trattamento di tosse, bronchite, stati influenzali.

Dialogo immaginale

Lo spirito del mirto lenisce le ferite dell'adolescenza. In presenza di un rametto, della pianta o odorando olio essenziale o anche sorseggiando il decotto di foglie puoi meditare sulle ferite dell'adolescente che ti porti dentro, l'adolescente che sei o che sei stato e puoi chiedere aiuto allo spirito dell'albero per lenire queste ferite.

Nocciolo (*Corylus avellana*)

Questa pianta è una delle più antiche, come testimoniano reperti fossili ritrovati in alcune tombe neolitiche. Il suo nome botanico *Corylus* deriva dal greco *corýs*, che significa "casco", a testimoniare la forma della nocciola, che è racchiusa in una brattea verde simile proprio a un casco. Essendo una specie vegetale molto antica, oltre a essere utilizzata in campo medicinale sin dal I secolo d.C., è anche avvolta da varie storie e miti. I Celti consideravano il nocciolo una pianta che univa il mondo terreno con l'aldilà ed era altresì un simbolo di protezione ed emblema di saggezza. Nel Regno Unito si utilizzava un ramo bifido di nocciolo sia per divinare la presenza di tesori sepolti o di sorgenti nascoste, sia per scoprire i responsabili di omicidi e furti.

Parti utilizzate

Amenti, corteccia dei giovani rami, foglie, semi.

Costituenti e proprietà

Contiene flavonoidi, tannini e resine. Le nocciole sono ricche di acidi grassi polinsaturi che esercitano un'azione di riduzione del colesterolo nel sangue; contengono fibre, vitamine e sali minerali. La corteccia e le foglie hanno proprietà astringenti e toniche, facilitano il ritorno del sangue al cuore e sono perciò indicate nel trattamento di varici. Per uso esterno corteccia e foglie svolgono un'azione antiemorragica e antinfiammatoria. Gli amenti (i fiori) hanno proprietà depurative e febbrifughe. L'olio di nocciola è emolliente, lenitivo, antiossidante e astringente.

Impiego

Il decotto di foglie (30-40 g di foglie) è indicato nel trattamento di disturbi dell'apparato vascolare e circolatorio, e per favorire il ritorno del sangue al cuore. In presenza di varici si può integrare il trattamento medico con impacchi preparati con decotto di foglie (uso esterno). L'infuso di amenti è adatto in caso di stati influenzali, bronchite, raffreddore; è altresì utile per depurare l'organismo. Nel caso di disturbi all'apparato respiratorio come trattamento complementare è utile il gemmoderivato di nocciolo.

Dialogo immaginale

Il nocciolo ti aiuta a sviluppare doti e sensibilità sottili. Se senti il bisogno di essere ispirato, di avere una visione più ampia su un dato argomento, puoi parlare di quest'argomento allo spirito del nocciolo, in presenza dell'albero, gustando i suoi frutti o il decotto di foglie. Le idee non sono un secreto del cervello, piuttosto sono dei e spiriti che abitano i mondi invisibili con i quali lo spirito del nocciolo ti mette in contatto.

Noce (*Juglans regia*)

Quest'albero vigoroso e possente è legato a varie storie mitologiche. Il seme del noce era per esempio elemento importante nel corso delle feste arcaiche romane delle Ceralia.

Nella mitologia greca è associato a Dioniso e a Carya. Si narra che il dio dell'agricoltura e della viticoltura, ospite del re della Laconia Dione, s'innamorò di Carya, una delle tre figlie del sovrano. La giovane contraccambiò l'amore, ma ciò provocò la gelosia delle due sorelle, Orphe e Lyco, che iniziarono a diffondere malignità contro Dioniso. Adiratosi per l'affronto, Dioniso le fece prima impazzire e poi le uccise. Per il profondo dispiacere Carya morì e Dioniso ancora innamorato della giovane decise di trasformarla in un albero che potesse produrre frutti fecondi. Fu così che nacque il noce.

Le tre sorelle si ricordano col nome di Cariatidi, un termine che deriva dal tempio costruito dai Laconi, al cui ingresso furono poste statue scolpite in legno di noce raffiguranti le tre sorelle.

Parti utilizzate

Le foglie, il mallo e i frutti freschi non ancora maturi.

Costituenti e proprietà

È ricco di vitamine (A, PP e quelle del gruppo B), tannino, enzimi, juglone, fosforo, calcio e potassio. È nutritivo, tonico e ha proprietà digestive, stomachiche, antinfiammatorie e depurative. È indicato in caso di digestione difficile e per la depurazione dell'organismo.

Impiego

L'infuso di foglie (30-40 g di foglie) e lo sciroppo di noce sono indicati nel trattamento di stanchezza e digestione difficile; l'infuso di foglie è utilizzato anche per effettuare gargarismi in caso di infiammazioni di bocca o di gola. È altresì una buona soluzione per lavare i capelli in presenza di forfora; aggiunto nell'acqua del bagno l'infuso aiuta a tonificare la pelle.

Dialogo immaginale

Lo spirito del noce è un grande aiuto per uscire dalla gabbia mentale quando questa diventa soffocante e ossessiva. Non essere tormentati dai propri pensieri a volte non è facile. Parlare dei pensieri che ti tormentano con lo spirito del noce può essere di grande aiuto. Questo puoi farlo mentre sorseggi l'infuso di foglie o in presenza dell'albero o gustando i suoi frutti.

Olmo (*Ulmus campestris*)

Questo albero antichissimo nella mitologia greca era consacrato a Morfeo, "colui che riproduce le forme", uno dei figli di Ipno, dio del sonno; Morfeo, raffigurato con grandi ali, appare in sogno assumendo sembianze umane e per questo motivo si riteneva avesse funzioni oracolari. Nel Medioevo, soprattutto in Francia, si amministrava la giustizia sotto l'olmo, che veniva piantato nelle vicinanze di castelli e dimore importanti.

Parti utilizzate

Corteccia, foglie.

Costituenti e proprietà

Contiene mucillagine, tannino, silice, potassio. Ha proprietà astringenti, cicatrizzanti, depurative, toniche e sudorifere.

Impiego

Un tempo l'acqua di olmo era utilizzata per pulire le piaghe e curare gli occhi. Il gemmoderivato di olmo – ottenuto dalla macerazione glicerica delle gemme, la parte più ricca di principi attivi – favorisce l'eliminazione di tossine e scorie metaboliche, inoltre è utile per aiutare la digestione e allontanare i disturbi gastrointestinali. Grazie alla presenza dei tannini è indicato per il trattamento dell'acne giovanile, eczemi ed herpes.

Dialogo immaginale

"Aiutami a fare ciò che è giusto", questa è la preghiera che puoi recitare davanti allo spirito dell'olmo, mentre sei in presenza dell'albero, di un suo rametto o gusti l'acqua prodotta dalla macerazione delle foglie. Puoi anche chiedere a questo spirito di aiutarti ad avere un sonno proficuo nel quale i sogni possano lavorare per te, aiutandoti a guarire i tuoi conflitti e a fare chiarezza nei tuoi pensieri.

Pino (*Pinus pinaster Soland – Pinus sylvestris – Pinus mugo*)

Il genere *Pinus*, che fa parte della grande famiglia delle Abietacee, presenta numerose specie, ma solo il pino marittimo, quello silvestre e il pino mugo hanno proprietà medicinali. Il pino si può definire pianta ermafrodita, poiché su esso germogliano fiori sia femmine, sia maschi. Nella mitologia il pino è associato al dio Attis, "il Frigio", poi confusosi con la figura di Dioniso. Attis, secondo talune leggende, era figlio della dea Cibele, il cui culto – molto antico – è stato oggetto di molte interpretazioni e assimilazioni. Attis era un giovane di una tale straordinaria bellezza che se ne innamorò la stessa Cibele. Tuttavia, Attis desiderava sposare la figlia del re Mida, ma alle sue nozze Cibele, adirata e piena di gelosia, causò un enorme scompiglio. Attis, che ormai stava perdendo la ragione, rinunciò al matrimonio e si evirò. Morì dissanguato e, secondo una versione del mito, fu la stessa Cibele a trasformarlo nell'albero del pino.

Parti utilizzate

Aghi, gemme, linfa, legno.

Costituenti e proprietà

Il pino marittimo, quello silvestre e il pino mugo contengono olio essenziale, resina, glucosidi, acidi fenolici, ma solo il pino marittimo contiene anche vitamina C. Dalla corteccia si ricava un estratto idroalcolico che svolge un'azione antiossidante. Delle diverse specie di pino qui menzionate si utilizzano in particolare gli oli essenziali (che contengono, fra l'altro, limonene, pinene, canfene) per trattare infiammazioni e infezioni di laringe e bronchi. L'essenza svolge, infatti, azione balsamica, antisettica, espettorante; ha inoltre proprietà stimolanti e aromatizzanti.

Impiego

L'olio essenziale di pino mugo (10-15 gocce) è adatto per inalazioni in quanto ha proprietà espettoranti. Lo si può utilizzare anche nel diffusore o nell'umidificatore del calorifero. L'olio essenziale di pino è adatto anche per un bagno rilassante e balsamico: è sufficiente far sciogliere 4-5 gocce nell'acqua della vasca; in alternativa, è indicato anche per un pediluvio antisettico.

Dialogo immaginale

Lo spirito del pino può aiutare a risolvere problematiche e ferite legate alla relazione con la madre. In presenza dell'albero o dei suoi aghi o gustando il buonissimo profumo dell'olio essenziale, puoi parlare dei pesi che ancora ti porti e che si sono creati a seguito della relazione con tua madre. Chiedi allo spirito dell'albero un aiuto per risolvere il dolore che è in tua madre e che è in te.

Pioppo bianco (*Populus alba*)

Secondo la mitologia greca la Ninfa Leuke, per sfuggire al dio dei morti Ade, che si era innamorato di lei, si trasformò in un pioppo bianco. Il signore degli Inferi, nonostante la metamorfosi della bella Ninfa in albero, la volle con sé e portò questa pianta nel suo mondo; così la condusse vicino alla magica fonte di Mnemosine, la fonte della Memoria, le cui acque permettevano ai defunti, se degni, di accedere all'immortalità. Difatti, secondo una leggenda, Eracle, portata a termine l'undicesima fatica, ovvero la cattura del cane Cerbero che custodiva l'accesso agli Inferi, intrecciò una corona con le fronde del pioppo piantato da Ade presso la fonte di Mnemosine. Sulla strada del ritorno dal regno di Ade, Eracle se ne cinse la testa. Il fumo delle fiamme infernali macchiò la parte superiore delle foglie di un colore scuro, mentre la parte inferiore, che era a contatto con la fronte di Eracle, divenne bianco-argentea per effetto del sudore che grondava dal suo capo. Il pioppo bianco divenne sacro, simbolo delle sue fatiche nei due mondi.

Parti utilizzate

Nessuna.

Costituenti e proprietà

La corteccia contiene acido salicilico.

Impiego

A differenza del pioppo nero, quello bianco non viene impiegato in fitoterapia.

Dialogo immaginale

Lo spirito del pioppo bianco può curare la relazione con il padre. In presenza dell'albero o di un rametto o di una manciata di foglie parla con lo spirito del pioppo bianco dei tuoi problemi presenti o passati dovuti alla relazione con lui e chiedi allo spirito un aiuto per sciogliere la sofferenza che è in tuo padre (anche se tuo padre avesse lasciato il suo corpo, la sua sofferenza rimarrebbe comunque registrata nell'*akasha*, l'etere, e abiterebbe la tua memoria più profonda) e la sofferenza che è in te.

Pioppo nero (*Populus nigra*)

Caratterizzato da una corteccia di color grigio-nerastra, quest'albero è associato sin dall'antichità alla morte. La sua immagine significava la fine di ogni speranza e segnava l'ingresso nel mondo di Ade. Il pioppo nero è in particolar modo legato al mito di Fetonte e delle sue sorelle, le Eliadi. Figlio di Climene, Fetonte poté conoscere l'identità del proprio padre solo quando divenne adolescente. Scoprì così dalla madre che era figlio del dio Apollo. Fetonte decise di conoscerlo e dall'incontro ottenne il permesso di guidare per un solo giorno il famoso carro col quale il padre faceva sorgere e tramontare il Sole. Nonostante gli avvertimenti paterni, Fetonte non riuscì a controllare i quattro focosi cavalli alati che conducevano il carro; si avvicinò così tanto alla terra che quasi rischiò di infuocarla completamente. Le grida di Gea, la Terra Madre, destarono Zeus, il quale scagliò un fulmine contro Fetonte, che precipitò dall'alto, mentre Apollo riprendeva le redini dei cavalli alati. Il corpo esanime di Fetonte cadde nel fiume un tempo chiamato Eridano (l'attuale Po). Le sorelle di Fetonte, le Eliadi, ne seppellirono il cadavere e per la disperazione ne piansero la morte per quattro mesi sulle rive del fiume. Gli dei, impietositi, le trasformarono in pioppi neri. Le loro lacrime divennero gocce d'ambra che stillano dai rami di quest'albero.

Parti utilizzate

Le gemme (estratti), gemme essiccate e corteccia essiccata.

Costituenti e proprietà

Contiene resina oleosa, composti salicilici, tannini. Svolge un'efficace azione antisettica, antinfiammatoria, espettorante e febbrifuga, utile nella cura delle affezioni alle vie respiratorie, come bronchite, raffreddore, catarro bronchiale e polmonare, laringite, tosse. Inoltre, ha proprietà diuretiche e calmanti. Gli estratti di gemme vengono utilizzati per la preparazione di tisane e sciroppi utili in caso di sindromi influenzali e tosse; hanno inoltre caratteristiche toniche e ricostituenti, adatte nei cambi stagionali, soprattutto in primavera e autunno.

Impiego

In caso di laringite, raffreddore, tosse, affezioni alle vie respiratorie superiori è indicato il decotto di corteccia (20-30 g di corteccia essiccata in un litro d'acqua) da assumere una o due volte al giorno. Il decotto di gemme (20 g di gemme essiccate in un litro di acqua) è utile per i disturbi digestivi ed epatici, in caso di ritenzione di liquidi e stanchezza.

Dialogo immaginale

Lo spirito del pioppo scioglie i nodi delle relazioni con fratelli maschi. In presenza dell'albero o di un rametto o gustando il decotto di foglie, parla allo spirito del pioppo dei tuoi problemi presenti o passati con i tuoi fratelli. Chiedi un aiuto nella guarigione della sofferenza che è in loro e di quella che è in te.

Quercia (*Quercus robur*)

Nella mitologia greca la quercia è una pianta sacra, simbolo di Zeus. Infatti, la ghianda è un achenio, cioè un seme e, considerata la sua forma, essa è stata associata all'organo riproduttivo del dio dell'Olimpo. La quercia è ritenuta anche simbolo di vita, di prosperità e longevità. Le statue di Zeus un tempo erano addobbate con corone composte da rami di quercia con ghiande.

Secondo alcune leggende, nei pressi di una fonte dell'Arcadia veniva piantato un ramo di quercia per scongiurare periodi di siccità. Ma la quercia è anche l'albero delle Ninfe Driadi. Secondo il mito in ogni bosco abitava una Driade. Esse erano raffigurate come donne robuste, i cui arti inferiori terminavano in una sorta di arabesco, a rappresentazione del tronco o delle radici di un albero, mentre la parte superiore era ricoperta da una chioma ondeggiante in balia del vento. Il loro capo era abbellito da una corona composta di rami di quercia. Le Driadi proteggevano le querce e punivano chi tentava di abbattere i loro tronchi.

Parti utilizzate

La corteccia, le foglie, le gemme, le ghiande e le giovani radici.

Costituenti e proprietà

Contiene tannini, pectine, resine, flavonoidi. Svolge azione astringente, antisettica, tonica, cicatrizzante e febbrifuga.

Impiego

Il decotto di corteccia (1 g finemente sminuzzato) è utile come trattamento delle infiammazioni delle gengive o delle mucose orali. Il gemmoderivato (*Quercus peduncolata* M.G.1DH) è indicato nel trattamento degli stati di convalescenza e affaticamento.

Dialogo immaginale

Lo spirito della quercia scioglie i nodi delle relazioni con le sorelle. In presenza dell'albero o di un rametto o gustando il decotto di corteccia, parla allo spirito della quercia dei tuoi problemi presenti o passati con le tue sorelle. Chiedi un aiuto nella guarigione della sofferenza che è in loro e di quella che è in te.

Salice (*Salix sspp.*)

Questa pianta arborea ha avuto una grande importanza economica nella storia dell'uomo. Ne esistono diverse specie, tra cui il Salice bianco, il Salice rosso e il *Salix purpurea*. È una pianta legata all'elemento Acqua, come testimonia anche il mito greco di Aretusa, ovvero la Ninfa prediletta di Diana. La dea della caccia insieme alla bella Aretusa e alle altre Ninfe trascorreva le giornate nei boschi che crescevano rigogliosi sotto il Monte Olimpo in Grecia, inseguendo caprioli e daini. Durante una battuta di caccia Aretusa si allontanò troppo dalle altre Ninfe e da Diana, giungendo in riva del fiume Alfeo, le cui acque erano pure e limpide tant'è che si poteva scorgere la ghiaia sul fondo. Era una giornata molto calda e la Ninfa desiderava rinfrescarsi nelle acque del fiume. Nell'aria Aretusa sentiva solo il cinguettio degli uccelli. Non udendo altri suoni, né voci, la bella Ninfa decise di togliersi le vesti, le appoggiò sopra un tronco d'albero di salice e s'immerse nel fiume con portamento aggraziato. Appena entrò, l'acqua attorno a lei iniziò ad agitarsi, formando vortici quasi danzanti, come se la volesse accarezzare e avvolgere. Presa dall'inquietudine tentò di ritornare a riva, ma in quell'istante il fiume Alfeo si tramutò in un bel giovane biondo. La Ninfa riuscì a svincolarsi e a fuggire nuda, ma Alfeo la inseguì.

Aretusa, vergine selvaggia e pudica, che non aveva mai conosciuto l'amore, sentì che Alfeo stava per raggiungerla e violarla. Chiese aiuto e protezione a Diana, la quale la trasformò in una sorgente e la portò in Sicilia a Siracusa presso l'isola di Ortigia. Alfeo, rendendosi conto dell'accaduto, straripò d'amore. Gli dei impietositosi di lui gli permisero di raggiungere l'amata. Alfeo riuscì così ad arrivare nel porto grande di Siracusa, accanto alla sua amata Aretusa.

Parti utilizzate

La corteccia, la radice, raramente le foglie e i fiori.

Costituenti e proprietà

Contiene tannini, sostanze resinose e l'eteroside salicoside. È indicato nel trattamento degli stati influenzali, raffreddore, dolori muscolari e reumatici. Svolge inoltre un'azione sedativa e calmante, utile in caso di nervosismo e ansia. Favorisce anche l'attività gastrica ed enzimatica.

Impiego

Il decotto di corteccia (25-30 g) è utile in caso di stati influenzali, dolori muscolari e raffreddore. La tintura madre di salice ha un effetto antinfiammatorio e antidolorifico. Il decotto di radice aiuta in caso di insonnia, agitazione e nervosismo.

Dialogo immaginale

Lo spirito del salice aiuta nella relazione con il proprio corpo. Se vuoi amare di più il tuo corpo, se desideri migliorare le tue condizioni fisiche attraverso un'alimentazione più sana e lasciare cattive abitudini, puoi chiedere aiuto allo spirito del salice che è amante del corpo umano. Parlagli delle tue difficoltà e chiedi aiuto. Ciò ti sarà utile a fare chiarezza sulle tue difficoltà e anche a superarle.

Sambuco (*Sambucus nigra*)

Quest'arbusto perenne, che può raggiungere anche alcuni metri di altezza, era sacro in particolare per gli antichi popoli nordici, come i Celti e i Germani. Questi ultimi ritenevano il sambuco pianta associata alla dea Holda, protettrice della terra e della fertilità.

Secondo antiche tradizioni, in occasione della Candelora, gruppi di donne danzavano in cerchio tenendo in mano ramoscelli di sambuco, che utilizzavano nel caso gli uomini si avvicinassero a esse. Il sambuco rappresenta sia la vita, sia la morte. Infatti, in molte culture antiche quando nasceva un bambino c'era l'usanza di portarlo sotto un albero di sambuco come rito benaugurale. Il legame con la morte lo troviamo nella tradizione di misurare le bare con una verga di sambuco e nella presenza di questa pianta in diversi cimiteri europei (il più famoso è l'antico cimitero ebraico di Praga).

Parti utilizzate

La corteccia, le foglie, i fiori e i frutti.

Costituenti e proprietà

Contiene olio essenziale, tannino, pigmenti flavonici, glucosidi, vitamina C, mucillaggine, antocianine. Il sambuco svolge un'azione depurativa, diuretica, emolliente, lassativa, stimola la circolazione; possiede inoltre proprietà sudorifere e antinevralgiche.

Impiego

L'infuso di fiori è indicato in caso di stati influenzali, raffreddore, tosse ed è altresì utile per favorire la sudorazione. Per uso diuretico, depurativo, lassativo e sudorifero è indicato il decotto di foglie o il decotto di corteccia. I fiori sono ottimi crudi in insalata, in pastella per frittelle dolci, o utilizzati per preparare ottime marmellate e conserve con un'efficace azione lassativa.

Dialogo immaginale

Il dialogo immaginale con il sambuco può aiutare nella relazione con i figli. In presenza dell'albero, di un rametto, una manciata di fiori o sorseggiando l'infuso, parla con lo spirito del sambuco dei tuoi problemi di relazione con loro, sia nel caso tu ne abbia, sia nel caso tu li stia attendendo e non siano ancora arrivati. Se attendi di avere un figlio, chiedi allo spirito dell'albero di aiutarti, se hai già figli, domanda allo spirito del sambuco di aiutarti a sciogliere la sofferenza che è in loro e che è in te.

Sesamo (*Sesamum indicum*)

Questa pianta erbacea annuale, appartenente alla famiglia delle Pedaliacee, è conosciuta sin dal 3000 a.C. Tra i principali paesi produttori vi è l'India ed è qui che troviamo numerose storie legate a questa pianta e ai suoi famosi semi, contenuti nei frutti a forma di capsula. Secondo un'antica usanza, il passaggio del defunto dalla dimensione terrena a quella intangibile sarebbe facilitato grazie all'offerta di quattro vasi di sesamo nero nel corso della cerimonia funebre. Nella religione induista i semi di sesamo sono simbolo di immortalità. Sempre in India si ritiene che in origine il sesamo sia un dono concesso dalle divinità; in particolare, i semi sarebbero nati dalle gocce di sudore di Vishnu all'inizio della creazione del mondo. L'olio di semi di sesamo ricopre un'importante funzione nell'Ayurveda; infatti, Charaka lo definì "il migliore degli oli". Quest'olio è non a caso utilizzato per massaggi quotidiani per purificare e tonificare il corpo.

Parti utilizzate

I semi e l'olio estratto dai semi.

Costituenti e proprietà

I semi sono ricchi di proprietà nutritive e benefiche. Contengono vitamina E, fitosteroli (composti che aiutano a bloccare l'assorbimento del colesterolo alimentare), minerali (tra cui calcio, magnesio e fosforo), lignani (sesamina e sasamolina) utili alla salute del cuore.

Impiego

L'olio di sesamo, ricavato dai semi, è indicato per effettuare massaggi del corpo e per la cura della pelle. Essendo ricco di antiossidanti naturali è un ottimo olio detossinante, uno dei pochi adatti anche per chi ha la pelle grassa. Il decotto di semi di sesamo è utile in caso di allergie, in quanto stimola le difese dell'organismo. L'olio di sesamo è usato anche per fare gli sciacqui del cavo orale: va tenuto in bocca quindici/venti minuti al mattino per ottenere una completa pulizia dai batteri che provocano la carie; questa pratica è chiamata *oil pulling*.

Dialogo immaginale

Lo spirito del sesamo purifica. L'olio di sesamo dona effetti straordinari se applicato in questa meditazione. Se senti di aver fallito un compito o senti che una questione alla quale tenevi molto non è andata come volevi, applica un po' di olio di sesamo sulla tua fronte e con le punta delle dita massaggia la fronte con movimenti circolari parlando delle tue sensazioni e chiedendo allo spirito di aiutarti a liberarti dal peso e di avere la forza di rilanciare.

Tiglio (*Tilia*)

Questa pianta – sacra non soltanto alle antiche civiltà germaniche – è molto longeva: può raggiungere i mille anni di età. In giugno e luglio il tiglio è abbellito da profumatissimi fiori bianco-giallastri. Nella mitologia greca è associato alla Ninfa Filira. Figlia di Oceano, Filira viveva sull'isola del Ponto Eusino. La sua vita venne scossa quando il dio Crono s'innamorò follemente di lei. Del mito abbiamo differenti versioni. In una si racconta che la Ninfa e Crono si unirono, ma furono sorpresi da Rea, moglie del Titano. Crono riuscì a scappare trasformandosi in uno stallone. Per la vergogna anche Filira fuggì. In un'altra versione si narra che Crono, per possedere Filira usò violenza contro di lei. Le differenti versioni hanno in comune il lascito dell'unione tra il Titano e la Ninfa. Filira, infatti, partorì un figlio sui monti Pelasgi. Nacque così Chirone, metà uomo e metà cavallo, che poi diventerà il famoso centauro guaritore, maestro di Achille. Filira guardando l'aspetto del piccolo fu talmente scioccata da chiedere a suo padre, Oceano, di essere trasformata nell'albero del tiglio.

Parti utilizzate

Le giovani infiorescenze e le brattee, raccolte a fioritura iniziata e fatte essiccare; la corteccia raccolta in primavera.

Costituenti e proprietà

Le infiorescenze contengono polifenoli, tannini, proantocianidoli, flavonoidi, mucillagine, mentre tra gli oli essenziali troviamo fra gli altri il geraniolo, e il linalolo. All'interno della corteccia (l'alburno) vi sono varie sostanze, tra cui tannini, sostanze minerali, acidi-fenoli, lipidi, zuccheri, floroglucinolo.

L'azione del tiglio è sedativa, antispasmodica, antireumatica e diaforetica.

Impiego

L'infuso (10 g di fiori per circa 2 dl d'acqua) è indicato in caso di disturbi del sonno, nervosismo, cefalea, stati influenzali, raffreddore, tosse. Il decotto è altresì utile in caso d'insonnia e di agitazione. Con le infiorescenze si prepara anche un pediluvio in caso di piedi stanchi e gonfi.

Dialogo immaginale

Bisognerebbe meditare con lo spirito del tiglio fin da giovani per aiutarsi ad avere una vecchiaia serena. In vecchiaia, infatti, ci accade ciò che abbiamo immaginato profondamente, inconsciamente. Parlare con lo spirito del tiglio delle nostre sensazioni su questa fase della vita ci aiuta a essere più consapevoli di ciò che profondamente immaginiamo, ad attenuare l'ansia legata all'invecchiamento e ci propizia una vecchiaia tranquilla. Quando bevi infuso di tiglio e in presenza dell'albero o di un suo rametto medita sulla tua vecchiaia e chiedi allo spirito del tiglio di aiutarti a vivere una vecchiaia serena.

Vischio (*Viscum album*)

Questo albero sempreverde è simbolo di buon auspicio e, anticamente, proprio perché le sue foglie rimangono verdi in pieno inverno, è associato alla fecondità. Il vischio è in particolare legato alle tradizioni di popoli nordici e soprattutto alla cultura druidica. Infatti i Druidi celtici lo raccoglievano con un falcetto d'oro, mai di ferro, per non scacciare gli spiriti dell'albero e quindi per non annullare le virtù terapeutiche della pianta. Una leggenda legata alla tradizione norrena narra di Baldur (o Balder), figlio di Odino e di Frigga e fratello di Hodh, il dio cieco; Baldur è il più avvenente e il più amato fra gli dei, ma il suo tragico destino è segnato. La sua morte è preludio alla catastrofe finale degli dei e del mondo. Allarmata dai sogni di Baldur, la madre fa giurare a tutti gli esseri che non recheranno mai danno al figlio; escluso dalla promessa rimane però un ramoscello di vischio. Il malvagio Loki con un inganno induce Hodh a colpire a morte il fratello con il vischio.

Parti utilizzate

Le foglie.

Costituenti e proprietà

Contiene proteine, lectine, viscotossina, colina, alcaloidi e alcune sostanze tossiche. È antispasmodico e sedativo. Ha proprietà vasodilatatrici e ipotensive, per questo viene utilizzato nel trattamento dell'ipertensione e di disturbi di origine nervosa.

Impiego

L'infuso, preparato con 40 g di foglie giovani, è indicato in caso di ipertensione, crisi nervose, disturbi della menopausa.

Le bacche del vischio sono tossiche.

Dialogo immaginale

Lo spirito del vischio ti può aiutare ad avere notti serene. Se hai notti agitate o insonni, bevendo infuso di vischio o in presenza di un rametto fai emergere tutte le principali sensazioni che provi e poi chiedi allo spirito della pianta di calmarle e di aiutarti a riposare serenamente.

Vite (*Vitis vinifera*)

Pianta sacra a Dioniso, figlio di Zeus e di Semele, il nato due volte. Secondo il mito, per salvare Dioniso dalla gelosia di Era, Ermes lo nascose nella coscia del padre dove rimase sino alla nascita. Quando nacque, su ordine della moglie di Zeus, i Titani catturarono Dioniso, lo ridussero in pezzi e lo fecero bollire. Dalle gocce del suo sangue nacque l'albero di melograno, mentre le sue membra cotte furono bruciate, e dalla loro cenere nacque la vite.

Parti utilizzate

Foglie, semi, frutti, linfa, gemme.

Costituenti e proprietà

Contiene polifenoli e antocianosidi, acidi-fenoli, tannini, proantociani, antocianosidi, lipidi, flavonoidi, zuccheri naturali, in particolar modo fruttosio e glucosio, sali minerali (tra cui ferro, magnesio, potassio, sodio, calcio e fosforo). Svolge un'azione vasoprotettrice e antiossidante, antispasmodica, emolliente, antinfiammatoria. Stimola la funzionalità renale e quella epatica. Depura l'organismo e ha una valida azione tonificante.

Impiego

Il decotto o l'infuso di foglie (circa 30-40 g di foglie di vite essiccate e sminuzzate) è utile a livello del microcircolo; l'infuso di foglie di vite rossa è indicato in caso di insufficienza venosa degli arti inferiori e fragilità capillare. L'infuso di foglie e viticci è altresì efficace nel trattamento di disturbi circolatori, disturbi della menopausa e vene varicose. La cura dell'uva – da effettuare seguendo i consigli di un esperto – è ideale per disintossicare l'organismo.

Dialogo immaginale

La vite è simbolo di morte e rinascita, di profondo cambiamento. Tenere in casa un rametto di vite o tenere in giardino un filare di vite è di buon augurio. Quando vuoi cambiare qualcosa di molto importante, medita insieme allo spirito della vite, parlandogli di ciò che vuoi cambiare e di come lo vuoi trasformare, questo ti aiuterà a fare chiarezza e con la forza dello spirito della vite potrai avere una profonda trasformazione evolutiva.

Indice

PRIMA PARTE
Rigenerarsi nel verde

Seconda parte
OMI: One Minute Immersion

Jacques Brosse
MAGIA DELLE PIANTE

Senza la magia della fotosintesi, grazie alla quale i vegetali utilizzano direttamente l'energia solare liberando l'ossigeno che respiriamo, noi non esisteremmo affatto. Partendo da questa semplice ma basilare constatazione, l'autore ci conduce in un viaggio affascinante dentro i segreti e i misteri dell'universo verde: dai licheni alle piante del deserto, dalla tundra alla macchia mediterranea, dalla foresta tropicale alla flora d'alta montagna. Con spirito curioso e meticoloso al tempo stesso, Brosse elenca virtù, prove scientifiche del mondo vegetale. Particolarmente prezioso l'inventario che costituisce la seconda parte del testo, una sorta di repertorio enciclopedico delle specie più diverse, dal grano al prezzemolo, dalla mandragola al ginseng. Di fronte agli atteggiamenti distruttivi o, nel migliore dei casi, di stolida indifferenza verso le piante, questo libro è un invito a modificare profondamente i nostri rapporti con il mondo vegetale, alla scoperta delle radici stesse della vita.

gruppo editoriale Edizioni Mediterranee - Roma - Via Flaminia 109
Tel. 06/32.35.433 - Fax 06/32.36.277
ordinipv@edizionimediterranee.net - www.edizionimediterranee.net

Finito di stampare nel mese di giugno 2018, CSR, Roma.